KB060542

기후위기시대를 돌파하는
이상현의 녹색정치

추천의 말

도시와 마을에서 활동해 온 상현님은 내가 사는 동네의 문제 뿐 아니라 세계의 주요 이슈에도 대응해온 글로컬 활동의 표본같은 분이다. 닮고 싶은 활동가이자 앞으로의 활동이 기대되는 사람. 상현님의 활동을 공유받을 수 있는 귀한 자료를 함께 나누게 되어 기쁘다.

녹색당 공동대표 김예원

이 책은 글로컬 활동가의 거의 모든 것을 보여준다. 마을에서 세계를 보듯이 이상현은 로컬과 글로벌이 별개가 아닌 몸 안에 온전히 체화되었다. 마을공동체와 페미니즘, 국제연대와 기후정치가 전혀 다른 영역이 아닌 하나의 뿌리라는 것을 오롯이 보여준다. 단단히 지역과 현실에 뿌리내리며 꿈을 잃어버리거나 흔들리지 않는 것, 이것이 우리가 꿈꾸는 녹색정치다.

장이정수 여성환경연대 활동가

주변에서 정치를 발견하고, 바꿔나가기 시작한 지역사회 청년의 이야기. 동네(중랑)에서 세계(홍콩), 다시 도시(서울)까지 연결하는, 좌충우돌 '선 넘는' 녹색정치인의 행보가 기대된다.

이은호 녹색당 기후정의위원회 위원장

녹색당이 다시 한 명의 대중 정치인을 내놓는다. 제도정치의 높은 벽을 넘어서지 못하고 번번히 주저 앉았다. 그래도 녹색당은 결코 무너질 수 없기 때문에 또 내놓는다. 이 책의 주인공은 이상현이다. 그를 소개하는 일이 간단하지 않다. 풀뿌리 지역 활동가, 페미니스트, 문화기획자, 국제연대 활동가, 기후정의 활동가... 이 시대에 필요하다고 생각하면, 어디든 뛰어들어 폭넓게 움직여 왔다. 여러 경계를 가로질러 뛴 덕에 다양한 사회운동의 언어에 능숙하다. 그가 녹색당의 정치인인 이유가 있다. 이상현은 녹색당으로 서울시의회 비례대표 후보로 출마한다. 기후위기와 불평등의 시대, 보수 정치체제에 작은 파열구를 낼 송곳이 간절하다. 지금의 이상현을 만든 사회운동들이 그의 도전에 함께 할 수 있으면, 그리고 그 사회운동들이 이상현과 함께 더 피어날 수 있다면, 우리는 날카로운 송곳 하나를 얻게 될지도 모른다. 불굴의 의지로 녹색당이 내놓은 또 한 명의 대중 정치인, 이상현의 무모한 도전. 이 책을 읽으면 납득하게 될 것이다. 그리고 "커먼즈인 정치권력을 거대 양당으로부터 되찾아 자신에게 빌려달라"는 호소에 동참하게 될 것이다.

한재각(기후정의활동가/녹색당원)

목차

Chaper 4. 기후정의라는 세계관

Chapter 5. 그래서, 녹색정치

에필로그

녹색으로 파도치기

정책으로 상상하는 서울스케치

면목역 광장

동네에 흐른
기후정치의 시간

ⓒ 황성희

21대 총선에서 '기후정책'을 요구하며 중랑주민들이 면목역
광장에 모였습니다. "데모 쫌 해본" 상현이 사회 마이크를
잡고, '캠페인에 빠삭한' 언니들이 직접 그린 박스 피켓을 들고
섰습니다. 119명 주민의 서명을 모아. '기후위기 중랑행동'이
공식 데뷔한 순간입니다.

우리가 사라지지 않을 수 있다면

2년을 꼬박 팬데믹 세상을 살았습니다. 팬데믹이 잠식한 도시, 숨차는 마스크를 쓴 사람들 속에서 하루하루를 보내면서 스스로에게 물었습니다. '이 기나긴 재난 상황이 언제쯤이면 끝날까. 왜 우리는 이 일을 겪어야만 할까.' 이어, 이 고난을 만들어낸 원인에 대해 생각했고, 녹색정치 활동가로서 묻지 않을 수 없었습니다. '연쇄적인 재난과 이대로라면 예고된 파국 앞에서 정치가 해야 할 일은 무엇일까?'

2019년 말미 강력한 전파력과 치명률을 지닌 바이러스가 지구촌에 등장하면서 시작된 '비상사태'가 지금까지도 지속되고 있습니다. 2020년 3월 세계보건기구WHO가 팬데믹을 선언한 이래, 지구촌 공동체에 코로나 확산 방지를 위해 각국에서는 락다운, 사회적 거리두기, 영업 제한 등 적극적이고 공격적인 조치가 이어졌고, 시민들의 일상의 모양이 달라졌습니다. '언택트 라이프'가 시작된 것입니다.

기술 자본의 대응은 빨랐습니다. 발달한 디지털 기술이 적응시킨 화상회의 문화를 시작으로, 기다렸다는 듯이 방구석에서 즐길 수 있는 각종 컨텐츠 서비스가 쏟아졌습니다. 재택근무라는 근무 형태도 널리 퍼졌습니다. 이런 진취적인 변화와는 반대로, 코로나 시국은 이 사회에 잠재했던 문제들의 폭발을 선명하게 증언했습니다. 노약자, 고립된 이들, 사회의 약한 고리에 있던 이들의 목숨과 건강에 대한 속수무책의 위협. 그리고 대면 서비스노동자의 실직. 재택근무를 할 수 없는 밀집 환경 노동자들의 집단 감염, 돌봄 독박과 코로나 블루, 폭증한 물류량과 플랫폼 배달노동자들이 침해되는 노동권.

증언은 이러한 측면에서도 이어집니다. 비행기 이륙이 멈춘 공항에 야생조류가 돌아왔고, 배기가스를 분출하는 인간의 이동이 줄자 대기가 맑아졌습니다. '차별금지법'에 대한 찬성 여론이 높아졌는데, 코로나 19 감염에 의한 낙인과 차별을 겪은 사람이 늘어나고, 감염이 '흔한 일'이 됨에 따라 어떤 일탈적 존재가 아니라 누구나 그 대상이 될 수 있다는 인식이 생겼기 때문입니다. 코로나 19 사태는 우리에게 뒤죽박죽하

2016년 작성한 상현의 좌표

고 혼란스러운 상황을 남겼습니다.

　그런데, 이걸 어찌하나요. 코로나 팬데믹과 시간차 공격을 감행해오는 또다른 '거대한 문제'가 있습니다.　WHO가 '코로나 19는 이것과 관련된 국제 공중보건의 위기라며, 코로나 19는 이것의 리허설일 뿐'이라고 발표한 '기후위기'입니다. 지금까지 많은 과학자와 환경운동가가 기후위기를 폭로하고 예언해왔지요. 주요한 '정치적 이슈'로 부각되기 전에도 이미 기후위기라는 재난은 세계에 만연해 있었습니다. 산불을 비롯해 광산·택지·농경지 개발과 벌목에 따른 서식지 파괴, 가뭄과 질병 등으로 큰 해를 입었던 호주의 코알라는 2019~2020년에 걸친 대형 산불에 의해 6만 마리 이상이 죽거나 다쳤으며, 2050년까지 살아남지 못할 멸종위기종으로 지정되었습니다. 그리스의 산불과 화재, 아스팔트를 녹이는 미국의 이상 기온, 유럽의 폭우와 같은 재난은 한꺼번에 밀어닥쳤고요. "우리 사라지지 말자"[1] 라는 말이 지극히 가깝고 현실적인 화두로 다가오는 요즘입니다.

　팬데믹, 바이러스 감염병의 확산이 생태 파괴, 거대 농·축산업의 확대에 기반하고 있다는 것은 새로운 지적이 아닙니다. 인간이 이윤을 위해 자연을 변형하고 훼손할 때, 예견할 수 없는 재난은 훨씬 더 잦은 빈도로 찾아오게 될 것입니다. 생명보다 이윤을 앞에 놓고, 지금 당장의 풍요를 위해 미래 세대의 자원과 지구의 지속가능성을 당겨 쓰고 있는 세태에서 우리의 생존은 위태롭습니다. 2020년 한국에서도 54일간의 최장기간 장마를 겪으며 사람들이 장마의 이름을 다시 썼습니다. "이 비의 이름은 장마가 아니라 기후

---

1 여성환경연대의 슬로건

위기입니다"

세계 각지에서 기후위기 비상사태를 선언하며 기후위기를 중대한 의제로 인식하고 국가와 사회적 차원의 대책 수립을 요구하는 기후 운동이 펼쳐져왔습니다. 도심 주요 공간을 점거해 마비시키는 '멸종저항' 운동의 활약과, 주거권 운동과 결합해 국가적 기후위기 대책 수립을 이끌어낸 '선라이즈 무브먼트'의 사례가 세계적으로 주목받았습니다. 단결한 기후운동 세력은 정치권을 압박하여 여러 변화를 이끌어냈습니다.

반면에, 한국의 기후운동이 밀어 부쳐온 요구는 국회와 정부의 문턱을 넘어서자 그 힘을 잃고 엉망진창이 되었습니다. 신공항 건설을 추진하고, 석탄화력발전소를 국내에 짓는 것도 모자라 해외에 수출하고, 핵발전소라는 참극을 다시금 소환하는 모습을 보았습니다. 누가 정치를 '정부의 시간' 그리고 '국회의 시간'으로 넘겨버렸던가요. 기후악당, 노동악당, 인권악당으로 지목되었지만, 무엇 하나 책임지지 않은 채 수소경제를 열어가는 미래의 주역으로 주목받는 포스코를 봅시다. 누가 우리의 미래를 '기업의 시간'으로 주어 버렸던가요.

법과 제도가 '해야 할 때', 할 수 있어야 할 때, 그러나 하지 못할 때, 무엇을 해야 할지 스스로에게 묻습니다. 풀뿌리 시민들이 더 이상 텀블러를 쓰고 쓰레기를 줄이는 '착한 시민'에게만 머무는 것을 넘어 세상을 향해 목소리를 내기 시작한 바로 지금, 제가 무엇을 함께하면 좋을지요. 지금까지 해왔던 일들을 돌아보았습니다. 이윽고 결심했습니다. 우리 앞에 그어진 '거기서 멈추라'는 선을 넘어 끝까지 가 보겠다고요. 그래서 우리의 정치를 '그들'이 아닌 '우리의 시간'으로 만들겠다고요.

이 이야기는 아주 평범하게 한국 사회를 살아온 한 풀뿌리의 삶의 여정에서부터 시작합니다. 그리고 그가 여러 재난들을 마주하며 기후정치라는 길을 찾게 되는 과정을 소개합니다. 지금까지 써 온 글들을 모았고, 더러는 새로 썼습니다. 끊임없이 행동하고 써 왔다는 사실에 조금 안도했습니다.

우선 저의 시작점에서부터 말하고 싶습니다.

제가 살아온 시간이 부디 여러분의 삶의 어느 순간과 겹치고 교차했기를, 그렇기에 여러분 또한 무언가 이야기를 꺼내어 나누고 싶은 마음이 들기를 바랍니다.

3개 - 레이어의 - 타임라인

	이상현	한국사회	세계
1986 ~	86 탄생 88 동생 탄생	86 아시안게임 87 민주화항쟁 88 올림픽	86 체르노빌 원전 참사 89 천안문 사태
1990 ~	93 국민학교 입학. 올림픽과 대전엑스포의 마스코트 호돌이와 꿈돌이를 좋아함 97 부반장으로 추천받음(당선은 되지 못함) 98 초등학교 졸업 99 중학교 입학	90 3당 합당 91 걸프전 92 수요집회 시작 93 대전 엑스포 개최 94 김일성 사망 95 대구 상인동 가스폭발 참사 95 삼풍백화점 붕괴 96 HOT 데뷔 96 대한민국 OECD 가입 97 IMF 외환위기 발발 98 파견법 제정과 노동유연화 시작	90 독서독 통일(독일 재통일) 91 소련 붕괴 91 일본 버블 붕괴. '잃어버린 10년' 시작 93 우루과이 라운드 타결 95 세계무역기구WTO 창설 97 홍콩, 중국 반환 99 러시아, 푸틴 집권
2000 ~	02 고등학교 입학 05 대학 입학. 하라는 공부는 안 하고 학생회와 동아리 활동에 매진 06 과 학생회장 선거 출마, 낙선 07 휴학하고 여행사 근무, 일본 파견 근무 08 복학. 외교관을 잠시 꿈꾸었음	00 남북정상회담 01 여성부 개설 02 월드컵 개최 03 대구 지하철 참사 04 故노무현 대통령 탄핵소추안 기각 08 호주제와 동성동본제 폐지 08 미국산 쇠고기 수입반대 촛불 집회/4대강 사업진 행 09 쌍용자동차 노조 77일 옥쇄파업 09 용산참사	01 9·11 테러 02 사스 SARS 발발 03 이라크전쟁 05 WHO 반대 홍콩 원정 시위 08 서브 프라임 모기지론 사태와 세계금융위기 09 신종플루 유행
2010 ~	11 단과대 학생회장 당선 12 핵안보 정상회의 규탄 시위 참여 13 생활도서관 활동, 동대문구 이문동에서 마을활동 시작 13 여성주의학회 주디 결성 14 세월호참사 규탄 6.10 만인대회 참석했다 인생 첫 연행 15 정치철학적 상상력(현 '이문커먼즈') 모임 결성 15 동대문구사회적경제생태계조성사업단 연구원 재직 16 녹색당 가입 17 No Limit Seoul 국제교류행사 개최 18 중랑희망연대 사무국장 활동 / 중랑청년네트워크 청랑 대표 / 중랑녹색당 공동운영위원장 선출 19 중랑마을넷 사무국장 활동 19 국가폭력에 저항하는 아시아공동행동 결성	10 천안함 침몰 11 서울시 무상급식 논쟁과 박원순 서울시장 당선 11 한진중공업 희망버스 11 홍대 두리반 531일간의 투쟁 승리 12 핵안보 정상회의 개최 13 박근혜 대통령 취임 13 민중총궐기/ 코레일 노조 파업과 철도민영화 반대 집회 / "안녕들 하십니까" 대자보 운동 14 세월호 참사 15 대한민국 중동호흡기증후군 유행 16 박근혜 퇴진 촛불집회 16 강남역 여성혐오 살인사건 16 경주 지진 17 미투운동 시작 19 한일무역분쟁 19 기후위기비상행동 결성	11 후쿠시마 원전 참사 11 월가 점령 시위 11 오사마 빈 라덴 사살 11 김정일 사망 17 미국에서 미투운동 대중화 17 트럼프 취임 18 그레타툰베리, 기후를 위한 결석시위 시작 19 홍콩민주항쟁 19 전세계 기후파업
2020 ~	20 한홍민주동행 결성 20 녹색당 혁신위원회 참여/ 서울녹색당 공동운영위원장 당선	20 서울시민사회네트워크(서우시민넷) 결성 20 故박원순 서울시장 사망 21 서울기후위기비상행동 결성 21 미얀마의 민주주의를 지지하는 한국시민사회단체 모임 결성	20 코로나 팬데믹 시작 20 홍콩보안법 제정 20 태국 군주제 개혁 요구 시위 20 조지플로이드 인종차별 살해 사건 21 미얀마 군부쿠데타와 시민항쟁

Chatper 1.
서울에 뿌리내리는
중입니다만

▼

서울시민이 된 스무 살 이후로 지역에 뿌리내리기
위해 고군분투하고 있다. 주민자치가 요즘
트렌드라는데, 자치권 실현 이전에 '주민되기'에
성공하기 위해 노력한 것 같다. 만남으로 확장된
지도 위로 차츰씩 나의 좌표가 이동했다.
우선은 영점에서부터 시작하는 이야기.

1

TK의 IMF키드가 만난
한국사회

나는 체르노빌 원전 참사가 일어난 해, 그로부터 약 7,500Km 떨어진 대한민국 대구광역시의 한 병원에서 첫울음을 울었다. 87년 민주화 항쟁이 불붙기 한 해 전, 전두환이 집권하던 제5공화국 시기였다. 팔삭둥이로 조금 일찍, 갓 태어난 나는 작고 가벼웠으나 건강했다. 나의 출생 후 두 해가 채 지나지 않아 남동생이 태어났고, 생계를 꾸리느라 분주했던 엄마와 아빠의 돌봄 공백을 메웠던 할머니와 함께 나는 5인 가족의 구성원으로 유년기를 보냈다.

어린 시절의 나는 성격이 좀 많이 내향적이기도 했고, 동네 친구들과 어울리는 것보다 책 읽기를 좋아하여 손에 잡히는 것을 닥치는대로 읽었다.1993년 국민학교에 입학하고 초등학교를 졸업한 나는 일찌감치 시작한 독서 이력 덕분에 손쉽게 괜찮은 성적을 얻으며 학교라는 공간에서 입지를 다졌다. 체육은 질색이었지만 음악과 미술에는 흥미가 있었다. 간혹 진심 없이 열심이었던 그림이나 글짓기 대회에 입상하기도 했고, 그 중엔 '반공' 포스터 그리기나 글짓기 따위의 이력도 있었다. 의무 사교육 기관으로서 동네 아이들의 커뮤니티 기능을 했던 피아노 학원은 어린 시절 중요한 생활의 일부였다. 나는 학원 아이들에게 재미있는 이야기를 들려주거나 공기놀이를 하며 함께 놀아주던 피아노 선생님을 매우 좋아하여, 피아노 교습보다는 놀기 위해 학원에 다녔다.

중학교와 고등학교 시기를 거치면서는 아이돌 가수 덕질에 몰두했다. 덮고 또 덮으며 녹화했던 방송 비디오테이프가 수십 개였고, 잡지 스크랩 파일도 무더기로 쌓였다. PC통신과 인터넷 시대를 거치며 아이돌을 주인공으로 한 2차 창작물에 몰입하기도 했다. 세이클럽, msn메신저, 네이트온, 싸이클럽 등 온라인 커뮤니티 활동은 청소년기에 사회적 관계를 형성하는 주요 매체였다. 일촌평과 방명록 작성에 매우 공을 들였다.

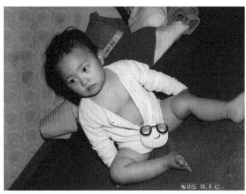

상현의 어린시절

또래 친구들과 크게 다르지 않은 평범한 나의 청소년기를 돌이켜보면 의외로 꽤 중대한 정치적 사건과 겹쳐져 있는데, 그것은 바로 우리 동네에 출마해 정치 인생을 본격적으로 시작한 박근혜 씨와의 우연한 만남이다. 故 박정희 씨를 지지하는 지역감정이 뿌리 깊게 형성되어 있었던 TK 지역에서 그의 출마에 지역민들은 한껏 들떴다. 팬심을 자신의 아이를 통해 더 강하게 표출하고 싶었던 엄마의 손에 이끌려 초등학생이었던 나는 선거운동 중인 박근혜 씨와 악수를 하거나, 동네 친구들과 함께 그의 지역 사무실로 사인을 받으러 가기도 했다.

역사의 막대한 흐름과는 별개로, 그 무렵의 나에게 정치란 책과 시험지 안에만 존재하는 어떤 것이었다. 2000년 故 김대중 씨가 성사시킨 남북정상회담은 내가 좋아하는 방송을 결방시킨 성가신 사건일 따름이었고, 나는 내가 방송을 못 보아 성이 났던 날짜를 셈하여 시험지의 남북정상회담 날짜를 맞췄다. 고등학생이 된 해, 대통령 선거에 故 노무현 씨가 출마했다. 내가 다니던 공립고등학교의 진보적 성향을 가진 젊은 교사들은 그를 지지하는 입장을 숨기지 않았으나, 나는 그보다 학력이 우월하다는 이유로 그의 라이벌인 이회창 씨가 더 마음에 들었다. 나의 엄마도 같은 마음이었다. 우리는 당시 엘리트주의라는 아주 평범한 사고방식을 공유하고 있었다.

진보와 보수 같은 정치 세력의 구분에 대해 어렴풋하게 알던 때, 나는 사회운동과 정치를 현실정치가 아닌 글자 그대로 글로 배웠다. 2002년 대선에서 민주노동당의 권영길 후보가 3%가 좀 넘는 득표율을 기록했던 사실은 알았지만, 그 정치세력의 등장이 한국의 정치사에서 무엇을 의미하는지에 대해서는 깊게 생각해보지 않았던 때였는데, 문학 속의 저항에는 마음이 끌렸다. 교과서에서 독재정권에 저항하던 시인과 소설가들의 작품을 읽으며 학생들의 자율성을 억압하는 담임교사에 대한 패러디 저항시 따위를 썼고, 학생들이 다니던 구름다리에서 담배를 피우던 교사들에 항의하는 금연포스터를 그리거나 의무이던 야간자율학습을 무단으로 빠지기도 하였으나, 이것을 정치적 행위라고 인식하기보다는 교사들에 대한 반항 정도로 여겼다. 교사들도 대수롭지 않게 받아들였다.

그런 비정치적인 청소년기를 보내고 대학 입학을 앞둔 나에게 대학 생활에 대한 '로망'이 하나 있었는데, 그것은 바로 데모였다. 독재정권과 사회적 불의에 맞서 싸우던 현대 문학 속 주인공들의 이야기로부터 나는 저항의 꿈을 품었다. 김새게도, 내가 대학에 입학한 2000년대 중반은 대학 학생운동이 쇠퇴해가고 '반 운동권' 총학생회가 집권해 등록금 인상 반대 운동을 하느냐 마느냐를 두고 갑론을박하던 상황이긴 했다. 몇몇 단과대에 운동권 선배들이 겨우 남아서 후배들이 부당한 사회현실을 마주하고 자신의 역할을 고민할 수 있도록 활동 기회를 제공하고 있었는데, 농민학생연대활동(농활)이나 사회과학 세미나모임이 그것이었다. 나는 그 모임에 참여하면서 성실하게 일해도 가난에서 벗어날 수 없는 사회구조를 깨달았고, 그런 사회가 부당하다고 여길 때 목소리 내고 행동하는 법을 배웠다.

　돌아보면 매번 나에게 나 자신의 삶에 대한 이해는 삶보다 몇 발 뒤늦게 왔다. 내가 현재 겪고 있는 삶의 문제를 사회적 맥락에서 파악하며 살아가는 것이 아니라, 한참 헤매다 나중에 공부를 통해서야 '아 그렇구나' 하고 알아차렸다. 유년기와 청소년기에 나의 자존심을 뭉개던 우유 급식비 연체와 같은 가정형편의 문제들, 소득수준과 성별에 따라 진학 학교가 결정되던 또래 친구들의 문제들을 나는 뒤늦게 공부를 통해, '한국 사회의 문제'로 인식할 수 있었다. 알고 보면 IMF 키드였던 내가, IMF라는 '역사적 사건'에 대해 비정규직 확대와 홈리스들의 양산, 무수한 사회적 삶의 몰락이라는 사건으로 인식하게 된 건, 그리고 그러한 처지를 만들어내는 정치적 역학관계에 대해 생각하게 된 건, 훨씬 이후, 투쟁하는 노동자들을 직접 만나 그들의 목소리를 듣고 나서부터다. 그러면서 '나'라는 사람이 사회의 어디에 속해 있는지, 무엇을 할 수 있는지 고민하고 행동하고자 하는 태도를 갖게 되었다.

2

대학 곁의 동네

책이 친숙한 나에게 사회문제를 이해하고 함께 운동할 동료를 만나는 방식은 주로 학회 활동이었다. 학생회와 동아리 후배들과 학습모임을 꾸려 독서 토론을 했고, 관련된 현장에 연대했다. 현장에 연대하면서 '여성주의'를 만났다. 현장에서 역할을 나눌 때, 여자는 요리나 정리정돈을 맡고 남자는 무거운 것을 들어야 한다는 식의 성 역할 고정관념에 따르지 않고, 각자의 특성과 적성에 따르자는 원칙을 세웠다. 당연하게 생각해왔으나 여성주의의 눈으로 보니 이상한 것들이 많았다. 학생회 활동에서 대표자 역할은 주로 남성이 맡고, 여성의 경우 부회장이나 회계 등 주로 보조적인 역할을 맡는 경우가 많았고, 과 대항 운동경기를 할 때도 남성이 주로 선수로 뛰고 여성은 응원자 역할에 머물렀다. 학내에 성폭력 사건이 발생해도 쉬쉬하고 넘어가려는 관행이 있었다.

그래서 동료들과 대학문화 개선을 도모하고자 여성주의 학회를 설립했고, 매년 신입생을 모집해 일주일에 한 번씩 학습과 토론 모임을 열었다. 청소노동자, 학습지 노동자 등 비정규 여성 노동 문제에 연대하기도 했다. 졸업을 앞둔 멤버들이 있어서 졸업 후에도 참여할 수 있도록 학회원 자격에 재학 여부를 따지지 않다 보니, 모임에는 타 학교 학생, 동네 주민 등 다양한 이들이 함께했다. 나는 개방적이고 느슨한 형태의 모임을 운영하는 것이 익숙해졌다.

대학을 졸업할 즈음, '대학'과 그 밖의 '사회', 두 개의 층으로 이뤄진 나의 세계에 다른 층이 생겼다. 바로 내가 살고 있는 '지역'이다. 집과 학교, 그리고 사회운동의 현장들을 오가던 내게, 단골 실내포차의 철거 문제는 지역 문제를 인식하게 된 계기가 되었다. 차량 통행이 불편하다는 이유로 인근 아파트 단지 주민들이 민원을 넣어 도로를 넓히는 공사를 청원했고, 그로 인해 단골 실내포차가 일방적으로 철거 통보를 받았다. 학생들은 해당 조치가 부당하다는 서명운동을 진행해 구청에 맞불 민원을 넣었는데, 이것이 나름대

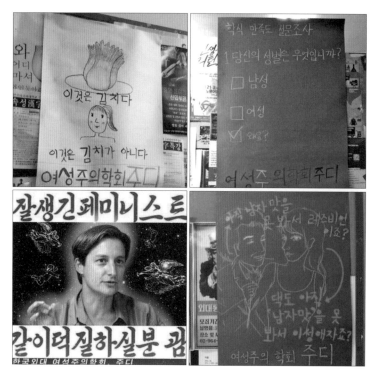

여성주의 학회 주디의 모집 홍보물들

로 효과를 발휘했다.

　　이런 경험을 하니 대학 곁에 있는 지역의 문제들이 눈에 보였다. 대형마트와 편의점이 번져가자 위기를 맞게 되는 지역의 작은 가게들이 보였고, 대학 내에서 일하는 분들이 지역주민이기도 하다는 사실을 깨달았다. 동네 선거 투표소 참관 알바를 하러 갔다가, 투표하러 온 청소노동자분을 만나거나, 이사 문제로 어려움을 겪을 때 도움을 준 세탁소 주인분과 친분을 맺기도 했다.

　　'진보적 담론의 대중화'라는 슬로건을 걸었던 학생자치도서관인 생활 도서관 활동은 보다 직접적인 지역과의 만남의 계기가 되었다. 마침 대학 졸업 즈음이던 2012년, 서울시 마을공동체 지원 정책이 시행되었다. 지원사업에 힘입어 대학가 동네에도 동네에 오래 거주한 졸업생들을 중심으로 청년들과 함께 마을 공동체를 꾸리려는 시도가 일어났다. 내가 활동하던 생활도서관에도 연대 제안이 들어왔고, 어울리다 보니 자연스럽게 청년 공동체 활동을 시작했다.

　　청년 공동체에서는 1인 청년 가구나 동네의 독신 생활자들을 위해 매주 밥상을 함께 차려 먹거나, 대안학습모임을 꾸렸다. '청년 빚 이슈'라는 모임이 꾸려져 학자금과 생활 부채를 잔뜩 안은 청년들이 부채가 발생하는 사회적 구조에 대해 학습하고, 자신의 부채 문제를 글로 쓰는 모임을 열었다. 각자 자신의 고민과 죄책감으로 끌어안고 있던 부채 문제가 공동의 문제로 변화했다. 문제를 당장 해결할 수는 없었지만, 고민을 나누는 것으로 어쩐지 약간 무게가 덜어지는 것을 느꼈다.

18

청년들이 지역 공동체의 관계망 안에 들어가게끔 하는 것은 서울시의 정책 목표기도 했다. 서울시 청년활동지원센터에서는 서울시 청년수당을 수령하는 청년들이 단지 돈만이 아니라 커뮤니티 활동에 참여할 수 있도록 지역 공동체를 지원했다. 내가 활동하던 청년공동체도 이 서울시의 사업을 위탁받아서 외국어 학습 프로그램, 드로잉 모임, 동네 영화제 등 청년들이 참여할 수 있는 다양한 프로그램을 개최했다.

프로그램에는 취업에 어려움을 겪는 청년, 대학 졸업과 취업 준비 등으로 인해 사회적 고립을 겪는 청년 등 고민을 함께 나눌 집단이 필요한 다양한 청년들이 참여했다. 지원사업으로 진행되는 사업은 증빙서류 작성이 번거롭고 고되긴 했으나, 청년들을 뒷받침하는 제도가 있다는 것이 안전망이 되었다.

나는 서울시 청년활동지원센터의 위탁사업으로 '청년반장'이라는 역할을 맡아 동대문구, 중랑구 등지의 청년들의 커뮤니티 활동을 지원했다. <나를 기르는 하루>라는 프로그램을 기획해 지역 청년들과 이 주에 한 번씩 만나, 함께 짠 시간표대로 하루종일 시간을 보냈다. 같이 볼링을 치러 가거나 막걸리를 직접 담가 마시거나 도기체험을 하는 등 취업 준비로 답답하고 막막한 와중에 고민을 나누며 함께 스트레스를 풀 수 있는 커뮤니티가 만들어졌다.

나는 이 일을 하면서 마을활동가이자 '청년지원 활동가'로서의 사회적 역할을 하나 얻었다. 제도와 민간 영역의 가운데에서 지원활동을 하는 '활동가'라는 직업이 여러 분야에서 만들어지고 있었다.

3

변두리 존재에서
공동체의 활동적 성원으로

2019. 1. 4 이화여대 <나눔 리더십> 계절학기 강좌

안녕하세요, 저는 서울 동쪽 중랑구라는 동네에서 온 지역활동가 상현이라고 합니다. 반갑습니다. 동쪽 끝 차고지에서 260번 버스를 타고 중간에 한 번 갈아타서 272번 버스에서 요 앞에 내렸습니다. 먼 곳에 있는 사람을 불러주셔서 감사합니다. 여기까지 잘 올 일이 없는데 몇 년 전에 이 근처에 있는 체화당이라는 카페에서 도시 커뮤니티 연구 모임이 있어서 종종 왔습니다. 커피랑 유기농 차가 맛있는 곳인데 기회가 되면 가보시길 바랍니다. 오다 보니 기억이 나서 정겹네요.

저도 대학교 때 총장비리사건이 터져서 다른 학생들이랑 같이 총장퇴진운동에 나섰는데요, 저희는 그 때 퇴진시키기에 실패하고 최근에서야 재조명이 되었지만, 학생들의 저항이 한국 사회에 역사적인 흐름을 만들어낸 장소에 와서 이렇게 강단에 서다니 굉장히 영광입니다. 이렇게 만나뵈어서 너무 기쁜데, 오늘 강의에서 제가 여러분들에게 무엇을 드릴 수 있을지는 좀 걱정입니다. 저의 활동이 참조점이 되어 조금이라도 여러분의 고민이나 진로에 보탬이 될 수 있으면 기쁠 것 같아요.

1. 나의 삶, 특성과 지역 활동

아까 저를 '중랑'이라는 지역에서 온 사람이라고 소개드렸는데, 저는 동네에서 먹고 자고 일하는 사람입니다. 중랑희망연대라는 시민단체의 사무국장이자 유일한 임금노동자이고, 작년에 생긴 중랑청년네트워크 청랑이라는 단체에서 활동하고 있습니다. 중랑민중의 집 <사람과 공감>의 운영위원이고요. 또, '서울 오랑캐즈'라는 문화기획 단체에 속해 있는데, 공교롭게 단체 이름에 다 지역이 들어가네요.

저는 되게 내향적이고 소심한 사람인데, 강의 제목처럼 '변두리 존재'로 존재감 없이 살다가, 공동체에 속하고, 공동체를 만들어 하고 싶은 활동을 하면서 활동적인 삶을 살아가게 되었다는 생각이 듭니다. 우선 저

20

의 살아온 이력을 간단하게 말씀드리고 이걸 통해서 왜 지역에서 활동하게 되었는지, 뭘 하고 있는지 좀 소개를 드리고 싶습니다.

경쟁을 하지 않고 잘 살아갈 수 없을까

대학을 졸업하면서 혼자 취업을 준비하고 다른 사람들과 경쟁하고 하는 게 제 적성에 안 맞았어요. 대학 때 학생회를 했는데, 학생회 때는 매번 '모든' 학우들이랑 더불어 가고 같이 가고 그런 얘기 하다가 졸업 때 되면 딱 혼자가 되니까 되게 어색하고 쓸쓸하잖아요. 제가 취업 시장에서 경쟁력도 그리 높지 않을 것 같았고요. '블루 오션'이 어디 없나 살폈죠. 마침 비슷한 고민을 하면서 제가 다니던 학교 주변에 공동체를 만들고 싶어하는 사람들이 있어서 의기투합했습니다. 그게 2013년입니다. 제가 공부를 그리 좋아하진 않는데… 인문학이나 사회과학책 읽고 거기서 영감 얻어서 사람들이랑 같이 사회 문제 대안 짜고 하는 걸 되게 좋아해서, 처음에 공동체를 같이 만들고 나선, 그런 걸 같이 할 수 있는 사람들과 공간이 있어서 좋았어요. 그러다가 동네에서 같이 밥 먹는 재미나 영화보고 뭘 같이 만드는 재미도 알게 되고. 돈 문제 때문에 힘들고, 자기 정체성 때문에 인정 못 받는 사람들이 서로서로 챙겨주고 안전망이 되는 것도 뿌듯하고. 제가 공동체나 지역에서 모여서 커뮤니티를 만들고 서로 더불어 사는 운동에 맛을 들이게 된 게 바로 그것 때문이에요.

사회운동하는 성격 따로 있나, 내향성도 때론 도움이 된다!

제가 얼마 전에, 인터넷에서 무료로 해주는 성격유형 검사를 해봤는데요, 60문항 정도 되고 다 풀면 16가지 중에 하나로 나오는. 저는 '열정적인 중재자'로 나오더라고요. 설명을 보면 '상냥한 성격의 이타주의자로 건강하고 밝은 사회 건설에 앞장서는 낭만형…'이라고 하는데, 제가 그런지는 잘 모르겠는데, 이런 사람이 사회운동하면 잘될 것 같긴 해요.

아무튼, 저는 많은 사람을 만나야 하는 활동가치고는 좀 내향적인 성격인데 대신 글 쓰는 걸 좋아해서 글도 많이 쓰고, SNS도 자주 하고, 사람들이랑 생각이랑 얘기 나누는 걸 좋아해요. 해서 사회에 뭔가 문제가 발생하면 어떻게 풀면 좋을지 차분하게 아이디어를 나누고 사람들이랑 뭘 짜는 걸 좋아해요. 예를 들어 우리 동네 중랑구에 '장미 축제'라는 걸 매년 크게 여는데, 장미에 막 촉진제 맞혀서 일찍 피게 만드는 반생태적인 측면도 있고, 장미를 여성의 외적인 아름다움에 비유하면서 화장품 회사 협찬받아서 이벤트 만들자고 축제 감독이 그러고 있는 좀 문제 요소가 있거든요. 동네 친구들이랑 그 얘기하면서 '인문학적인 장미축제' 제안하자고. 장미기, '빵과 장미'라는 작품도 있지만 여성의 권리, 존엄성, 혁명 같은 인문학적인 키워드로 풀어내서 얼마든지 멋진 축제를 만들 수 있는데 생각이 그렇게까지 안 나가더라고요. 그래서 친구들이랑 장미축제 욕하다가 우리가 구청에 '프로포즈, 제안' 넣기로 했어요. 올해 장미 피기 전에. 풀고 싶은 고민이 있으면 막 파고 들어가고 행동으로 옮겨야 직성이 풀리는 게 성격이라 저한테 지역 활동이 잘 맞는 것 같아요.

사회에 대한 관심

저는 고등학교 때 현대문학을 읽으면서 사회에 대한 관심이 생기게 됐어요. 교과서랑 문제집 지문에 나오는 거 말고 전체 책을 다 읽곤 했어요. 가장 좋아하던 책 중에 하나가 <광장>이라고, 6.25때 전쟁포로로 붙잡힌 주인공이 남한과 북한 중 하나를 선택하길 요구받는데, 둘 중 하나가 아니라 '중립국'을 보내달라고 하는 소설 있잖아요. 배 위에서 갈매기 날고. 대학 들어가면 저렇게 치열하게 고민하고 행동하고 인생에서 비장하게 뭔가를 선택하는구나 생각했죠. 대학에 막상 들어가니까 그런 얘기는 안 하고 다들 술만 엄청 마셨지만. (웃음) 그래도 민중가요패 하던 선배들이랑 술 먹을 때 사회문제 얘기하고 그랬어요. 제가 입학했을 땐 대학에서 데모 문화가 이미 다 죽어서 데모도 안 했는데, 좀 다니다보니까 등록금이 정말 말이 안 되게 올라서 (일 년에 11프로씩) 반값 등록금 시위가 되게 크게 일어났었어요.

얼마전에 고 김용균님이 사망하신 사건이 정말 너무너무 충격적이었어요. 우리 사회가 이런 위험을 감수하면서 일하고 있는 사람들로 지탱되는구나, 아직도 그런 현장에 방치된 사람들이 많겠구나 싶고. 아는 분이 후원 공연을 기획하셔서 문래동에 있는 라이브하우스에 다녀왔었어요. 엄청 시끄러운 펑크 밴드랑 헤비메탈 같은 거 하는 밴드가 공연했는데, 이런 방식으로도 추모를 할 수 있구나 싶더라고요. 보통 추모공연 하면, 조용한 걸 생각하잖아요. 제각각 각자의 자리에서 각자의 방식으로 위로하고 추모하고 분노하는 거죠.

사회 문제를 녹이는 문화 기획자

저를 설명할 때 빼놓을 수 없는 정체성이 또 '문화 기획자'인데요, 친구들과 <서울 오랑캐즈>라는 팀을 운영하고 있습니다. 저희 팀에서도 작년 말에 후원 공연을 하나 기획했었어요. 콜트콜텍이라는 세계적으로 유명한 기타, 펜더나 아이바네즈 기타 만드는 공장이 있는데. 여기서 만들어서 상표만 다르게 붙어서 나가요. 품질 좋기로 유명한 곳이예요. 그 공장이 경영이 어렵다는 이유로 공장 문을 닫고 몇 백 명을 죄다 해고하고 인도네시아로 공장을 옮겼는데, 법원에서 불법해고 판정이 났어도 해고된 노동자분들은 12년째 거리에서 싸우고 있어요. 올해 타결이 안 되면 이제 정년을 맞으셔서 복직이 아예 불가능해서 올해 마지막 싸움에 나서셨어요. 그래도 뭐라도 하고 싶어서 일단 인도네시아 공장 앞에 가서 항의 퍼포먼스를 하고, 서울에서도 3일 간의 후원 라이브 공연을 친구들이랑 같이 열었죠. 이런 식으로 저는 제 사회에 대한 관심과 문화적인 관심사를 이렇게 결합시켜서 활동으로 풀어내고 있습니다. 감사하게도 이 활동이 한겨레 칼럼*에 소개가 되었고, '새로운 사회운동'이라고 불러주시더라고요. 좀 잘 되면 좋겠는데. (웃음)

---

* 한겨레 칼럼 - (기사참조 ; [한겨레] [크리틱] 서울 오랑캐즈, 수라바야, 콜트/ 신현준)

수많은 일들이 동시에 일어나는 서울이라는 지역

이런 사회의식과 문화기획이 결합된 활동을 하는 데 있어서 서울이라는 지역성도 중요합니다. 왜냐면, 수많은 일들이 동시에 일어나거든요. 재개발이라든지. 빈부 격차도 크고, 살던 데서 밀려나서 쫓겨나는 사람들도 많고. 해서 이런 활동을 쭉 해나가고 있는 것 같아요. 제가 SNS에 글 쓰는 걸 좋아한다고 말씀드렸었는데, 제가 작년에 쓴 글 중에 제일 공유가 많이 된 글이 궁중족발에 대해서 쓴 글이예요.

2. 청년으로서 지역 공동체의 멤버가 된다는 것

2018년 제정된 중랑구청년기본조례에 따라 발족된 중랑 청년네트워크. 맨 앞줄 레몬색 머리가 필자.

청년들이 직접 꾸린 지역 청년 네트워크 <중랑청년네트워크 청랑> 멤버들. 이들이 중랑구 청년기본조례 운동을 펼쳤다.

다양한 청년, 그럼에도 불구하고

여러분도 그러시지만, 청년들은 다양하게 존재합니다. 대학에 진학하지 않고 바로 일을 시작하는 청년들도 있고, 저 같이 돈 안 되는 일 좋아하는 청년도 있고, 집에 돈이 많아서 굳이 돈 버는 일을 할 필요가 없는 청년도 있습니다. 물론 예외는 있지만, 그래도 청년들이 지닌 몇 가지 공통점이 존재합니다. 문화예술에 대한 관심, 미디어 경험, 또래집단과 공유하는 놀이문화 등이 있고, 또래집단과의 교류 공간을 필요로 하며, 일자리를 찾기 시작하거나 일 경험을 쌓거나 이직을 준비하는 각각의 과정에서 공감대를 형성하기도 합니다. 저도 이번에 중랑청년 F.G.I 인터뷰를 진행했는데 일자리 문제에 대한 고민을 비슷하게 갖고 있었습니다.

청년으로서, 청년 당사자 그룹-네트워크 만들기

청년과 잇 세대가 힘께 공동체를 구성하거나 단세를 만들 때 청닌틀은 목소리를 내ㅗ 결성하는 입장에 있기보다 실무 역할을 담당하거나, 주변적인 위치에 놓일 확률이 큽니다. 그런 상황에서 지역에서 본인의 활동을 펼쳐나가고 싶은 청년들은, 지역사회에 청년 당사자 그룹을 만드는 것을 주요 과제로 삼았습니다. 세대간 교류도 물론 중요하지만, 보다 대등한 관계를 위한 환경적인 조건이 필요하다는 얘기입니다.

청년, 대등한 공적 존재로 지역사회에 드러나기

지역사회의 일을 결정할 때에도 청년들의 목소리가 충분히 반영되지 않습니다. 예를 들어, 자치구 차원의 청년에 대한 일자리, 복지 등 전체 예산보다 노인정에 들어가는 일부 예산인 공기청정기 예산이 더 큽니다. 지역 차원에서 목소리를 내고 참여하는 분들 중 어르신이 되게 많은 거죠. 구청장 간담회 같은 게 열리면 학교에 다니거나 일하는 청년들이 참여하기 힘든 오전이나 오후 시간대에 주로 엽니다. 그만큼 지역에서 청년들이 잘 안 보입니다. 청년들이 관심이 없고 안 모여서 그런 거냐고 하면, 그건 또 아닙니다. 작년 말에 중랑구에서 청년정책을 발굴하고 프로젝트를 진행할 청년들을 모았는데 마흔 다섯 명이 모였습니다. 그 모든 사람이 자신들이 겪고 있는 각 영역에서 불만이나 필요한 점들을 가열차게 털어놓기도 했고요. 기회가 없을 뿐이지 계기와 자리가 있으면 얼마든지 목소리를 내고 참여할 수 있는 청년들이 많은 겁니다. 청년들이 지역에서 나서면서 정책을 제안하는 지역의 토론회에 청년 의제를 넣는다든지 하는 식으로 목소리를 낼 수 있었습니다.

참여하는 재미, 같이 노는 재미, 변하는 재미

이렇게 막상 나서고 보면, 지역사회, 동네는 흥미롭고 재미있는 점이 많은 곳입니다. 다양한 사람들이 만나 서로에게 시너지를 주기도 하고요. 그리고 모여서 뭘 하면 실제로 변화가 일어납니다. 지방선거 기간에 중랑 청년들이 모여서 1000명의 서명을 받아서 중랑청년기본조례 청원 서명을 했는데요, 그걸 기반으로 구청장이랑 구의원 후보들과 정책 협약을 맺었고 구청장이 당선되자마자 제1호 업무로 중랑청년기본조례안에 사인했습니다. 구의회에서도 통과되어서 지금은 중랑구 청년을 지원할 수 있는 법적 근거가 생겼죠.

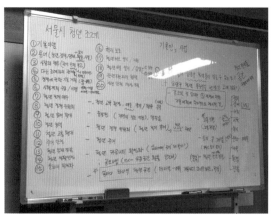

중랑구청년조례를 만들기 위한 고군분투의 흔적. 서울시 청년조례의 구조를 살펴보고, 각 자치구 청년조례를 비교분석해 중랑구 청년들에게 필요한 조례안을 작업했다.

중랑 청년네트워크 문화예술 분과 활동으로 진행된 중랑 청년과 길고양이 보호 운동 협업 프로젝트.

3.직업으로서의 지역 활동가

2018년 중랑마을 정책공론장에서 발표하는 필자   중랑마을에서의 첫 직장인 <중랑희망연대>
                                                    임금협상 소식을 전한 SNS 게시글

지역활동, 임금노동이 가능한가?

사실 요렇게 적성 맞는 일이라도 생계비를 벌 수 없으면 지속할 수가 없겠죠. 물론 다른 직업을 가지고 남는 시간에 지역 활동을 하는 방법도 있습니다. 우리나라는 근로시간이 너무 길고 야근도 많아서 좀 어렵긴 합니다만... 이, 지역활동이라는 영역이 재미는 있어도 직업으로서 생활비 벌기가 참 어려운 일이죠. 그래도 좀 도움이 되는 지원제도, 사업이 2012년부터 서울시를 중심으로 생기기 시작했어요. 딱 제가 졸업하고 지역활동에 진입하던 시기라 타이밍이 잘 맞았죠. 청년수당을 담당하는 서울시청년활동지원센터, 서울시마을공동체지원센터라든가, 서울시 청년허브라든가 그런 지원센터들이 생기면서 지역활동가들을 지원할 수 있는 기반이 조금씩 생겼어요. 비판도 일각에 있긴 한데, 아무튼 이 지역과 마을이라는 활동 영역 자체는 새롭게 만들어졌고, 그건 졸업 후 고립되었던 저의 경우도 그렇듯이 공동체를 필요로 하는 사람들의 열망도 어느 정도 기반으로 하고 있어요. 청년허브 공모 등 대학생들이 활용 가능한 지원사업들도 아마 있을 겁니다.

임금협상

저는 이번에 제가 다니는 직장에서 임금협상을 했는데요, 4대보험 가입과 생활임금 보장이 주요 이슈였고, 다같이 고민하면서 해법을 논의했습니다. 사실 제가 근무하는 단체 재정만으로는 실현하기 힘들고 서울시에서 진행하는 다른 공모사업늘과 연계해서 인건비를 마련하게 될 것 같습니다. 지역 단체들이 비영리단체인 경우가 많아서 인건비 마련 문제가 참 힘든데요, 어렵긴 해도 다같이 머리를 맞대고 열심히 노력하다 보면 묘수가 나올 수가 있습니다. 그래서 수평적인 '협상테이블'이 중요한 것 같습니다.

4. 살고 싶고 만들어가고 싶은 지역

잡지 <보이드 에이> 창간을 알리는 홍보물

청년연대-계간 <보이드 에이>의 빅픽쳐

저는 보이드 에이라는 독립잡지를 만들고 있는데요, 이 잡지가 그리는 '픽쳐'가 제가 꿈꾸는 비전 중 하나입니다. 청년이나 소수자 등 목소리를 내고 싶은 사람들이 자기를 표현할 수 있는 장을 만들고 삶을 아카이빙하며, 이 가시화된 결과물을 청년공간이나 독립서점에 유통시켜서 서로 접속하게 하고 네트워크를 형성하고 싶습니다. 이를 통해서 무력감을 극복하고 서로 연대하는 그림을 그리고 있습니다.

대안교육/ 시민사회의 성장/ 해방적 사유와 실험의 경험

제가 공부하는 걸 그렇게 좋아하는 편은 아닌데 (웃음) 공부가 중요하다고는 생각합니다. 지역에서 정치학교라는 것을 기획했는데, 정보공개청구나 예산분석 같은 주민들이 지역정치에 참여하기 위해 필요한 실용적인 공부들을 했습니다. 이것과 더불어, 제가 사는 사회를 근본적으로 성찰하고 더 나은 미래를 상상하는 더 해방적인 공부나 실천이 필요하다고 생각합니다. 제가 활동하는 단체에서 이런 세미나를 기획하기도 해요. 책만 보는 공부를 할 것이 아니라 동네에서 당사자들과 이웃 주민으로 만나서 같이 얘기하면서 배우는 게 좋은 것 같아요. 저는 장애인권을 책으로만 배웠다가, 얼마 전에 동네 발달 장애인 친구랑 같이 볼링 치고, 아 이런 게 인권이구나 깨달았습니다. 동네 친구 만들 수 있다는 거요. 누군가에게는 당연한 일인데, 다른 누군가에게는 전혀 당연하지 않은 일인 거죠. 기본적인 권리가 침해되고 있는 겁니다.

동네에서부터 反성폭력문화, 페미니스트 확산

얼마 전에 '동네에서도 연결될수록 강하다'라는 프로젝트를 진행했었습니다. 제각각 활동하던 단체, 정당, 활동가들이 각자가 기획한 페미니즘 행사를 한번에 모아서 홍보하기도 하고, 동네 페미파티라는 공동기획을 진행하기도 했습니다. 사회적으로 페미니즘 붐, 미투 운동이 붐이 일어도 막상

중랑마을축제 부스에서 <중랑희망연대> 활동을
소개하는 필자

2016년 국제마을 교류 프로젝트로 도쿄에서 재미난 마을을 꾸려가
는 활동가를 초빙해 '마을 아지트'를 어떻게 꾸릴지 머리를 맞댔다.

일상에서는 말하기 어렵고 지역에서 멈추는 경우가 많습니다. 일상의 문화부터 평등하게 바꾸어가
는, 그리고 페미니즘적 대화가 가능한 지역사회를 만들어 가는 것이 저의 꿈입니다.

문화 다양성, 국제 교류가 활개치는 동네

주변에서 난민이나 이주노동자에 대한 편견을 가지고 있는 사람들이 많습니다. 서로 잘 몰라
서 오는 거부감이나 공포감인데 축제, 문화적인 접근이 서로 이해하고 친해지는 데 참 좋다고 생각합
니다. 제가 감명을 받은 친구의 말이 있습니다. 도쿄에서 공동운영 바, 게스트하우스 같은 가게를 하
면서 공동체를 일궈가는 친구인데, 그 친구가 게스트하우스를 연 계기는 '후쿠시마 원전 사고'였습니
다. 평소에 교류하지 않으면 불시의 사고가 닥칠 때 의지할 곳이 없으니까 미리미리 친해져서 지역과
국경을 넘어 안전망을 만든다는 말에 무척 감명 받았습니다. 저도 그런 걸 하고 싶다고 생각했습니
다. 선생님이 '삶이 재미있어지는 동력'에 대해서도 말해달라고 하셨는데, 강의가 길어졌기도 하고,
만약 질의응답시간에 질문이 나오면 말씀드리겠습니다. 들어주셔서 감사합니다.

2018 <동네에서도 연결될수록 강하다> 프로젝트 홍보물

4

불안한 청년,
같은 우산을 써보자

인터뷰이로 참여한 참세상 기사 <불안한 청년, 같은 우산을 써보자>
기사 중 발췌 인용 (2020.10.14)

녹색당 혁신위원으로 조직의 쇄신을 위해 고군분투하던 2020년 하반기, 언론사 참세상에서 집담회 참여 요청이 왔다. '공정성 담론'에 대한 각 분야 활동 청년들의 의견을 듣는 자리였다. 인천국제공항 정규직 전환을 둘러싸고 갑론을박이 불붙던 때였다. 청년이란 결코 단일한 집단이 아니라고 생각하는 동시에, 지금까지 청년 운동을 해 왔던 입장으로서 청년문제에 목소리를 내고자 집담회에 참여했다. 그 중 일부의 발언을 소개한다.

©참세상

Q '노력에 따라 일자리를 얻은 청년'과 '불안정 일자리에서 벗어날 수 없는 청년'으로 나뉜 현실이라면, 모두를 위해선 무엇이 필요할까.

A. 이미 청년들은 지자체 청년 참여기구, 사업 등을 통해 여러 청년 의제를 던지고 있다. 그러나 제도권 사업만으로 이들이 처한 문제를 해결하기는 어려우며, 청년 의제를 기존 사회의 보편적 의제와 분리해서는 한계가 있다. 서울시 청년자치정부 사업의 경우 민주주의, 채식, 도로 교통, 장애인 의제 등이 얘기되는데, 이것은 청년만이 겪는 문제가 아니고 청년들에게는 청년으로서 분리되지 않은 보편적 결정권이 필요하다. 청년 구분을 '누가' 하고 있는지 보아야 한다. 또한 청년 내부의 차이와 균열 등 정치적으로 해결해야 할 문제를 다루기 위해서는 행정을 넘어서는 정치 기획을 만들어야 한다. 청년 참여기구와 제도가 만들어진 것은 청년 운동의 결과다. 그러나 제도가 운동성과 분리되어 위탁 사업을 내려보낼 때, 청년 당사자들은 대상화되고 보편 의제로부터도 분리된다. 또 많은 청년을 모집해야겠다는 생각에 정치적 이슈에 대한 언급을 꺼리는 분위기도 문제다.

국제적인 자본 축적 구조를 깨버리는 사회적 개입과 투쟁이 필요하다. 성공 여부는 크게 중요하지 않다. 이 투쟁은 민주당과 손잡는 것이 아니라, 현장 노동자와 길거리에 내몰린 사람들과 함께해야 한다고 생각한다. 영국에서 멸종저항 운동이 크게 터져 나오고 있다. 사람들은 '기후위기 우산' 속에서 노동권, 성 착취, 이주민, 소수자 등의 문제를 말하고 있다. 기후위기가 아닐지라도 우리의 공통적인 '우산'을 형성하는 게 필요하다고 생각한다. 2년 전, 인도네시아 수라바야 지역의 콜트콜텍 공장을 방문했다. 한국 공장이 폐업하고 인도네시아 공장을 차린 것인데, 거기서도 회사는 노조 탄압을 하고 있었다. 한국 기업이 다른 나라에 가서 똑같이 노동 착취를 하면, 이들과 함께 연대하는 것도 필요하다고 본다.

Chatper 2.
저 선을 넘어
어디로 갈까

▼

'선을 넘는다'는 것은 내 인생에서 꾸준한 화두다.
법과 제도가 금지하거나 한정해버리거나 또는
모른 척 하는 사안을 만날 때, 멈춰서서 생각한다.
어디로 발걸음을 옮길까. 개발과 내몰림의
현장에서, 통제와 폭력의 현장에서, 곰곰이
고민하다가 나는 마침내 선 너머로 발을 내디뎠다.

1

저 선을 넘어
청와대로 행진합시다

2016. 11. 26 촛불 광장에서

　박근혜 퇴진 집회가 한창이던 2016년 말, 나는 마을 공동체 공간에서 일하고 있었는데, 동네 친구들과 매주 주말 촛불 집회에 나가는 것이 정해진 일과였다. 그런데 매주 집회에 나가면서도 마음에 들지 않았던 것이 있었다. 가서 멀뚱하게 중앙무대를 바라보고 있어야 해서 심심했고, 청와대로 향하는 시위대를 막아서는 경찰들과 대치할라치면 '평화집회'를 말하는 시민들이 시위대를 향해 물러나라고 말하거나, 경찰차에 붙은 시위대의 스티커를 떼어내는 것이 싫었다. 지워져 있던 목소리를 선명하게 내기 위한 평화적인 방식의 시위가 폭력적이라고 하는 것이 잘 이해가 되지 않았다. 대통령 퇴진 이외의 요구를 하지 말라는 제지의 요구도 부당하게 느껴졌다.

당시 활동하던 공동체에서 기획한 영화제. 채효정 선생님의 투쟁을 담은 다큐멘터리 작품을 초빙해 상영했다.

촛불집회에 들고 나가기 위해 직접 쓴 현수막

31

나는 시민들의 요구가 단지 '대통령 퇴진'에 머물러서는 안 된다고 생각했다. 지금까지 억압받아왔던 여성, 노동자, 사회적 소수자들이 광장에 나와 자신의 목소리를 마음껏 내기를 바랐고, 그것이 '촛불 혁명'을 이루길 바랐다. 하지만 광장의 어떤 힘들은 그런 목소리내기를 막는 것 같았다. 그러던 차에 채효정 선생님이 쓰신 '나는 착한 시민을 거부한다'는 글을 보고 '앗, 이거다' 했다. 이런 목소리가 촛불광장에 더 퍼졌으면 좋겠다는 생각이 들었다.

그 당시 나는 일하던 공간 가까이에 있던 경희대학교의 해고강사 투쟁에 종종 연대하고 있었는데, 채효정 선생님은 복직투쟁에 나선 해고강사셨다. 선생님은 부당한 탄압에 맞서 매주 수요일 1인 시위를 진행하는 동시에 학교의 작은 잔디광장에서 '대학은 누구의 것인지' 묻는 강연을 열었다. 선생님의 수업을 들었던 학생, 동네 주민, 집회의 취지에 공감하는 활동가들이 삼삼오오 모여 듣는 그 강연은 마치 대학 안 작은 해방구 같았다. 진리탐구와 지식의 실천이라는 대학 본연의 역할보다는 대학평가와 취업율, 투자에 기를 쓰는 대학의 현실에서, 이렇게 목소리로 '짱돌'을 던져 균열을 내는 모습이 너무 멋져 보였다.

그래서 선생님에게 제안드렸다. 광장의 시민들이 '평화집회'라는 이름으로 우리를 막아서는 권력의 통제에 굴복하지 않고 청와대로 행진하자고 제안하는 유인물을 함께 만들어 배포하자고. 감사하게도 선뜻 수락해주셔서 유인물을 뚝딱 만들었다.

2016년 촛불광장에서 배부한 유인물

노란 봉투에 가득 담긴 유인물을 꺼내어 집회에 참가한 시민들의 손에 손으로 전달했다. 유인물을 받아들고 유심히 읽어보는 사람들의 모습을 보자 가슴이 쿵쾅쿵쾅 뛰었다. 집회에 멀뚱히 앉아 있는 것이 아니라, 나의 목소리를 담은 이야기가 나누어지니, 나는 광장에서 하나의 정치공동체에 속한 듯한 느낌이 들었다.

2

습관적 반란

독립잡지 <보이드에이 Void:A> 창간호 - 저항다반사 들어가는 글 (2017.1.15)

여기 공백같은 장소가 있다.

이 곳이 반란들이 만나고 날뛸 공간이다.

여성, 퀴어, 백수, 하청노동자, 음악생산자, 연구자, 활동가,

운동가, 병역거부자, 아마추어, 무산자, 세입자, 변방인, 댄서, 학생…

수많은 정체성을 가진 존재들이 만들어낸 언어가 지면에 난립하고

기존의 자리로부터 뛰쳐나와 엉키고 굴러 다닌다.

우리는 권력과 돈의 격자에 자산을 쌓아올리는 대신 공백을 만든다.

시끄러운 공백 속에서 제각각의 습관적 반란들이 설치며 조우한다.

반란하는 습관은 그 습관에도 또한 반란할 것이다.

반란은 한 가지만 생각하지 않기에 고정되고 각인된 것들을 깨뜨린다.

습관을 가장하고 들러붙은 억압들을 구별하고 새로운 우정의 전망을 만든다.

이 소요물이 보다 자립적인 방식으로 지속될 수 있도록

지금 여기 보이드 에이의 창간을 많은 분들이 지지하고 함께해주셨으면 한다.

3

궁중족발이라는 사건

페이스북 글 (2018.6.8)

　　2017년 말부터 나는 경복궁역 인근 세종먹자골목의 '궁중족발'이라는 가게의 임대차분쟁에 연대하기 시작했다. 궁중족발은 십수 차례의 강제집행을 거쳐 결국 그 자리에서 내몰리게 되었다. 아래 글은 점거하며 지키던 궁중족발에서의 마지막 날의 이야기를 기록한다.

궁중족발 강제집행에 맞서는 임차상인과 연대인들

　　페이스북 글 (2018.6.8) 이 글은 경복궁역 궁중족발의 임대차분쟁에 대한 나의 증언이자 이 상황에 책임 있는 권력자들에 대한 요청이다. 너무 거대하고 무참한 비극 앞에 가슴이 조이고 말문이 막히지만 그래도 해야할 말이 있기에, 판단을 중지하고 무력하게 도망치고 싶지 않기에 글을 쓴다. 지근거리의 참상을 목격하고 아주 조금은 함께 겪은 사람으로서 내가 증언할 것이 있을 것 같다.

　　작년 12월 13일 처음으로 궁중족발에 처음 갔던 날, 그 날은 궁중족발 라이브가 있는 날이었고 친구의 공연을 보러 갔다. 궁중족발의 소식은 들어 알고 있었지만 직접 방문하는 것은 처음이었다. 공연이 시작되기 전 모인 사람들은 짜파게티를 끓여 나눠먹었는데, 그 때 사람들은 걸쇠가 걸어잠긴 아주 두터운 철문을, 가게안 CCTV 화면을 통해 누구인지 확인을 거쳐 들어올 수 있었다. 그 광경은, 내게 태어나서 처음 느

34

껴보는 위화감을 주었다. 족발집의 굳게 닫아걸린 철문 바리케이트. 라이브가 끝나고 맛본 그 족발집의 족발은 정말 너무너무 맛있었다. 사장님은 족발을 써는 반대쪽 손에 붕대를 칭칭 감고 있었다. 지난 강제집행 과정에서 손가락 네 개가 일부 절단되었고 손가락 한 개는 영구적으로 기능이 상실되었다고 했다. 건물주는 사장님이 '자해'를 했다고 주장했는데, 난 그때까지 이 인식의 괴리가 불러올 비극을 상상하지도 못했었던 것 같다. 아주 이상하고, 기괴한, 좀처럼 해석되지 않는 상황에 대해 그저 표면적으로 받아들이고 말았던 것 같다.

　　나는 첫번째 방문에서 궁중족발에서의 연대 프로그램 운영 제의를 받고 일주일에 한 번씩 총 네차례의 프로그램을 열었다. '反젠트리피케이션 공부모임'이었다. 나는 이 모임을 통해 내 친구들과 해당 주제에 관심을 가진 사람들을 궁중족발에 초대했다. 그 친구들 중 누군가는 언론에 궁중족발에 대한 기사를 써서 기고했고, 누군가는 따뜻한 요리를 만들고 가져와서 나누어 먹었다. 나중에는, 옆나라에서 바다를 건너와 연대공연을 한 친구도 있었다. 공부모임에서 상가임대차보호법을 공부하면서, 너무나 어처구니없음을 느꼈다. 5년 이상 임대차를 한 경우에는 건물주가 월세를 네 배를 올려도 아무런 보호책이 없다고? 법원이 '합법적으로' 강제철거를 명령할 수 있다고? 세상이 정말 잘못된 것 같았다. 궁중족발의 투쟁기금은 사장님 가족의 장례식 조의금으로 충당되었다. 소송으로 계좌가 압류되어 후원금조차 사장님 명의의 계좌로 받

경복궁 서촌 세종음식문화거리에 위치했던 궁중족발의 모습.　　궁중족발 문제를 알리는 설명문
강제집행 이후, 비워진 채로 남아있다.

을 수 없는 상황이었다. 정치권은 이런 상황에 응답하지 않았다.

　　그러는 동안에 나는 내가 운영하는 모임이 없는 날도 이따금씩 궁중족발에 들렀고, 몇차례의 강제집행을 함께 막았다. 가끔은 궁중족발에서 사람들이랑 늦게까지 술을 마시고 곯아떨어졌다 깨기도 했다. 숙취로 쓰린 속을 부여잡고 있는 나를 두 사장님은 한심하게 보지 않고 가엾게 여기며 해장을 하자고 권해주셨던 기억이 난다. 김우식 사장님은 첫번째 만남에서 내 이름을 외우셨고, 내가 술을 좋아한다고 하자, 술친구가 생겼다고 기뻐하셨다. 아침에 해장용 짜파게티를 끓여 함께 나눠먹기도 했다. 지금 생각해보면 다친 손과 몸에 해로우셨을텐데, 죄송한 마음이다.

강제철거 시도가 열 몇차례 들어오는 동안, 건물주는 공간 점거에 참여하는 연대자들의 신상을 털어 소송을 걸었다. 종종 연대자들에게 욕설을 퍼부으며 시비를 걸기도 했고, 휴일 오전에 경찰을 대동하고 와서 안에 사람들이 있는 와중에 밖에서 창문 유리를 깨며 위협했다.

행사나 집회때 발언하는 것을 어색하고 쑥스러워하며 '발언 너무 못하신다'고 구박을 받던 사장님은 그새 결연해지셨다. 강제철거에 신음하는 다른 현장에도 찾아가 씩씩하게 연대발언을 하고, 족발을 잔뜩 삶아와 나눠주셨다. 손님들에게 팔리지 못한 족발은 고통과 싸움을 함께 하는 그의 동료들에게 갔다.

서울시가 '강제철거'를 금지한다는 정책을 발표했다. 궁중족발 연대자들은 맘상모 활동가에게 '건물주와 대화해 협의책을 마련하려 한다.'는 말을 전해듣고, 잠시간 평화로운 해결이라는 희망을 꿈꾸었다. 하지만 그 소식을 들은 바로 다음날, 건물주는 하루 종일 집요하게 조롱하며 괴롭히는 문자를 사장님들께 보냈다. 극한의 스트레스가 그 분들을 덮쳤다. 가끔은 화가 불쑥 터졌고, 눈물이 울컥 나오기도 했다. 하지만 결국 그들은 대화로 풀어야한다며 꾹 눌러 참았다.

6월 4일 새벽 세시 반, 건물주는 중장비로 궁중족발의 철문-무쇠로 된 H빔을 부수고 들어와 그 안의 연대자들을 끌어냈다. 그 과정에서 사람이 머리를 다쳐 뇌진탕으로 구급차에 실려갔다. 서울시와 박원순은 침묵했고 경찰은 협조했다.

너무나 압도적인 폭력 앞에, 망연자실했지만 연대자들은 궁중족발 앞에서 농성을 하며 끝까지 버티리라 다짐했던 것 같다.

그리고, 6월 6일 수요일이 왔다. 건물주는 지게차와 인부, 경찰들을 대동해 궁중족발 간판을 떼었다. 안에 있는 물건들을 철거하려는 과정에서 연대자들의 저항에 부딪혔다. 따가운 무더위 속에서 지리한 대치가 이어졌다. 경찰이 계속되는 건물주의 독촉에, '이대로 철거업무를 계속 방해하면 전원 연행하겠다'는 선언을 했다. 김우식 사장님은 연대자들의 연행을 막으려고 궁중족발 내 짐을 빼기로 합의했다.

모두가 지켜보는 앞에서 궁중족발 출입문이 열렸다. 이틀 전의 강제철거로 H빔이 쓰러져 폐허가 되어있었다. 출입문 자물쇠를 바꿔 다는 장면을 숨죽여 지켜보면서, 몇몇은 궁중족발에서 보낸 시간들을 떠올리며 결국 울음을 터뜨렸다. 김우식 사장님은 차마 끝까지 지켜보지 못하고 근처 상점으로 향해 깡소주를 들이켰다. 그때 사장님을 따라갔던 한 친구는 그날밤 몇 시간을 펑펑 울었다.

대치과정에서 맘상모 활동가들과 연대자들에게 반말을 하며 '여자랑은 말 안 한다' '사람아닌 것과는 대화를 안 한다'고 조롱하며 연대자들 몸에 손을 대서 밀치려던 건물주 이일규와 그의 비서 모상일을 똑똑히 기억한다. '연대자들에게 손대지 말라'는 나의 외침에, 내가 입은 녹색당 티셔츠를 확인하더니 '녹색당 맞냐'고 물어보고, 맞다고 하니 내게 '선생님'이라는 호칭을 써가며 '존댓말로' 자신의 주장을 피력했다. 자기의 세입자가 아니라면, 그들이 얕보고 무시하고 매도할 수 있는 미성년자, 학생, 맘상모가 아니라면, 힘을 가진 정당인이라면, 언론인이라면 그의 태도는 사뭇 달라졌다. 그는 경찰이 연대자들을 바로 연행해가지 않고 사장님들과 협상하려 한다며 굳이 '영어 단어'를 써가며 자신과 대치하는 상대를 '무식쟁이'로 깔보고자 했다. 그가 이토록 잔악무도하게 굴며 이들의 요구를 일언지하에 깔아뭉갤 수 있는 건 이들이

'자신과 급이 다르고' '법을 모르며' '떼를 쓰고 있다'고 생각하기 때문이다. 그는 농성하는 연대자들 앞에서 '부동산 소유주가 어떻게 사회적 합의를 통해 절대권력을 휘두를 수 있는지' 일장연설로 '가르쳤다'. 자신에 의해 피해를 보고 고통받고 있는 사람의 가치관과 이해관계를 몽땅 틀린 것으로 치부하며 무시한 것이다.

그 다음날도 건물주는 쫓겨난 상가세입자에게 연락해 그와 연대자들을 구속시키겠다고 했다. 세입자는 건물주를 찾아가 사적폭력을 행했다.

서울시와 정부, 경찰은 이런 사태를 방치했다. 사람의 삶이 무너지고 있는 앞에서 차가운 법조항을 내뱉어가면서 경찰은 자신의 공무집행이 '합법적'임을 피력했고, 박원순은 '자신이 할 수 있는 일이 없음'을 뻔뻔스럽게 납득시키려 했다.

이 비극은 갑자기 온 것처럼 보이겠지만 아주 천천히, 체계적으로 진행되었다.

책임이 있는 당신들은 이 비극 앞에 대체 어떻게 그 책임을 질텐가.

책임있는 서울시-박원순 시장, 정부-문재인 대통령은 이에 응답해야 한다. 당신들이 수수방관하는 동안 수많은 닮은 꼴 사건들이 이 사회에서 무수히 일어나고 있다. 이들은 '과격분자' '알박기' 등의 취급을 받으며 힘겨운 투쟁을 거친 끝에 엄청난 피해와 상처를 입고 힘을 가진 건물주에게 패배하여 내쫓기는 일이 부지기수이다. 상가임대차보호법 법개정 논의는 앞으로는 도움이 되겠지만 이미 존재하는 피해에 무력하다. 법이 무책임해서 내몰리고 고통받은 사건에 대한 사회적 개입과 해결책 마련을 당신들이 책임지고 해야 한다.

정의를 말하려면, 평화를 말하려면, 아니, 정의와 평화를 말할 권력을 지닌 자들이 움직여야 한다. 철거민과 연대인들에게 그 일을 계속 전가하기에는 이미 그들은 너무 오래 충분히 많이 고통받았다. 더 이상의 희생을 방관하지 말라. 당신들의 책임을 행하라.

궁중족발 '점거 공동체'에서 필자가 주기적으로 꾸리던 프로그램

[+] 후일담

궁중족발은 여러 고초를 거쳐 지금은 서대문역 인근에 다시 문을 열었다. 새로운 시작에도 불구하고, 궁중족발 사장님들과 연대자들은 아직도 임대차분쟁으로 인한 고소고발에 시름을 겪고 있다. 이에 서울녹색당에서 연대 논평을 발행했다. 내가 정치인이라서, 이렇게라도 작은 힘을 보탤 수 있어서 다행이라고 생각했다.

논평

궁중족발 임차상인 저항에 유죄판결을 한 재판부에 묻는다 : 법은 임차상인의 생존 앞에서 무엇을 했는가

생존을 건 임대차 분쟁의 최전선이었던 '궁중족발'의 투쟁은 여전히 진행 중이다.

2016년 종로구 서촌 궁중족발의 건물주가 바뀐 이후, 7년간 같은 자리에서 장사해온, 평범했던 임차상인 김우식 씨의 일상은 '전쟁'이 되었다. 새 건물주는 3000만 원에 297만 원이던 보증금과 월임대료를 각각 1억 원과 1200만원으로 올리기를 요구했고, 김우식 씨가 이를 거부하자 명도소송을 내고 강제집행을 신청했다. 2018년 6월까지 12차례의 강제집행이 시도되었고, 그 과정에서 김우식 씨는 손가락이 반 절단되는 상해를 입었다. 수많은 활동가와 시민들이 각종 위협과 압박을 견디며 함께 자리를 지켰으나, 결국 강제집행은 성사되었다. 궁중족발 사건을 계기로, 임차상인을 제대로 보호하지 못하는 '상가임대차보호법'이 사회적 공론에 올라 2018년 9월, 법개정이 이루어졌다.

한편, 건물주는 공무집행방해죄와 부동산효용침해죄 등으로 김우식 씨와 함께, 그와 연대한 활동가들을 닥치는대로 고소·고발했다. 작년 9월에는 검찰이 특수공무집행방해와 특수건조물침입 혐의로 김우식 씨 등 9명을 기소했다. 그리고 그저께(1월 26일), 서울중앙지방법원에서 징역 2년(집행유예 3년)를 선고했고, 궁중족발에 연대했던 맘편히 장사하고픈 상인들모임(맘상모) 대표 및 옥바라지선교센터 사무국장을 비롯한 16명의 활동가들에게도 실형과 벌금형을 선고했다.

재판부에 묻는다. 버티는 것 외에 다른 방법이 있다면, 오랜 시간 생계를 위협받는 투쟁에 나설 임차인이 있겠는가. 또한, 가능한 절충안이 있다면 굳이 임대인과 힘겨운 법적 공

38

방에 나서기보다는 부당함을 조금 감수하더라도되도록이면 같은 자리에서 장사를 더 오래 하기 위해 임대인의 요구를 들어주고 마는 것이 보통의 임차인일 것이다. 그러나 하루 아침에 보증금을 3배 이상, 월세를 4배 이상 올리는 비상식적인 갑질이 어느 누구든 견뎌야 마땅한 일인가. 억울한 상인에게 법은 아무런 안전망이 되어주지 못했고, '합법적'인 강제집행에 대항하기 위해서는 비법적인 연대가 불가피했다.

궁중족발은 있는 그곳에서 마음 편히 장사하고 싶은 수많은 임차상인의 이름이다. 지금도 서울에서는 임대차 관련 분쟁이 끊이지 않고 있다. 끈질긴 당사자들의 싸움으로 비록 상가건물임대차보호법은 강화되었지만, 보호기간을 5년에서 10년으로 늘리고 임대료 인상 5% 상한제를 둔다고 해서, 건물 소유주에 대해 임차인이 놓이는 불안하고 부당한 처지는 근본적으로 해결되지 않는다.

다시 한 번 묻는다. 법은 임차상인의 생존의 위기 앞에서 대체 무엇을 했는가. 법, 제도가 시민을 보호하기는커녕 폭력을 행사해 기어코 그의 생계를 앗은 꼴이다. 지금의 법이 궁중족발 투쟁을 불법이라 한다면, 정치의 역할은 그 부당한 법과 판결을 바꾸는 일이다. 서울녹색당은 기꺼이 그 정치의 소임을 지고자 한다. 정치권의 폭넓은 연대를 요청한다.

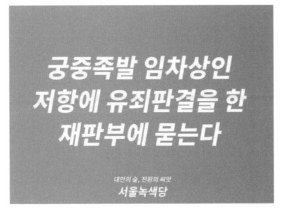

2022. 1. 28. 서울녹색당

39

4

홍대 관광특구 계획의 재림, 싸우지 않을 도리가 없다

오마이뉴스 기고 (2021.4.10)

지난 2016년에 이어 2020년 12월말, 서울 마포구가 다시 홍대 지역 중심의 관광특구 지정을 신청했다. 이에 발족된 홍대관광특구 대책회의가 생각하는 홍대관광특구의 문제점과 홍대앞의 미래에 대한 목소리를 오마이뉴스에 연속 기고하였다. 나는 그 중 첫번째 기사로 참여했다.

전세계적인 코로나 19의 위협 속에서 홍대 관광특구 추진계획이 재림했다. 홍대를 '글로벌 관광도시'로 개발해 관광생태계를 복원하며 지역 경제를 살리겠다는 것이 서울시 마포구의 입장이다. 코로나 19로 인한 경기 침체와 함께 홍대합정 공실률은 작년 4분기에 19.2%에 이르렀고(직전 분기 9.2%), 대형 프랜차이즈 매장들도 견디지 못하고 문을 닫고 있다. 주변 대학의 비대면 수업 실시, 영업시간 제한, 비싼 임대료, 프랜차이즈 위주의 업종 구성, 골목상권의 부상 등이 그 이유다.

마포구는 경기 침체를 타개하기 위한 방법으로 '마포 관광산업 도약'을 내세운다. 관광특구로 지정되면 연간 최대 300억원 규모의 문화체육관광부 관광진흥개발기금을 융자받을 수 있으며, 서울시에서도 관광특구 활성화 보조금이 나온다. 이 돈들은 특구 내 호텔이나 위락시설 개발에 쓰인다.

4년 전 그랬듯 지역의 문화예술인들이 관광특구 반대 운동에 앞장섰다. 관광특구가 지나친 상업화와 개발로 인한 '젠트리피케이션'을 유발할 것이라는 우려의 목소리가 매우 높다. 코로나 19의 여파로, 관광특구 계획 발표에도 불구하고 임대료가 크게 상승하고 있지 않지만, 감염병 소강상태가 된다면 이 추세는 변화할 수 있다.

4년 전, 지금과 동일한 내용의 관광특구 계획이 발표되면서 홍대와 인근 지역의 임대료가 5% 이상 급상승했었다. 공시지가는 1년 내 18.74% 상승했다. 그런데도 해당 계획서에는 젠트리피케이션을 방지하겠다는 내용이 단 한 줄 쓰여있으며, 이에 대한 구체적인 설명은 없다. 관광특구가 없는 상황에서도 이미 일어나고 있는 젠트리피케이션에 마포구는 어떻게 대처하려는 자신감일까?

관광특구는 누구를 지역에서 내모는가

그간 홍대 지역의 '정체성'을 이루어왔던 많은 사람들이 사라졌다. 홍대'씬'을 이루어왔던 대안독립예술인들이 2000년대 중반부터 꾸준히 대형 프랜차이즈에 밀려났고, 도시개발, 젠트리피케이션 탓에 '두리반', 한 잔의 룰루랄라를 비롯해 홍대입구에서 문화예술인들의 아지트가 되던 장소들이 하나둘씩 사라져 왔다. 관광객을 위한 시설들이 들어설 자리에 있던, 또 어떤 공간들과 사람들이 사라질까?

글로벌 관광도시화가 과연 어떤 집단의 부를 창출하고, 어떤 집단의 몰락을 야기하는지 또한 관광특구 문제에서 명확하게 검토되어야 할 일이다. 관광명소 이태원 해방촌을 보면, 그간 젠트리피케이션을 견디지 못해 공동체 공간들이 우후죽순 사라졌고, 청년, 활동가들은 다른 지역으로 밀려났다.

다른 나라 사례도 보자. 세계적인 관광도시인 홍콩에서는 지나친 상업화와 관광객 증가로 인해 주민들이 도시 주변부로 떠밀렸고, 세계 최고 수준의 임대료와 동시에 서민층에게는 '닭장 아파트'라 불릴 정도로 열악한 주거환경이 보편화되었는데, 이러한 사회경제적 불만은 지난 민주화 시위의 주요 요인 중 하나이기도 했다.

경제 활성화를 위해 관광특구 개발을 지지하는 입장에서도, 지금 과연 관광특구가 '신의 한 수'가 될 것인지 의문이다. 현재 이미 관광특구로 지정되어 있는 이태원과 명동은 작년, 각각 34.9%와 41.2%에 이르는 어마어마한 공실률을 보였다. '특구'는 코로나 19 앞에서 무력했던 것이다. 코로나 19는 언젠가 멈출 것이니 일단 개발하고 보자는 시도라면, 그런 무책임한 계획에 국민의 혈세로 이루어진 정부의 재정이 투여될 이유가 있을까?

그렇다고 순순히 쫓겨날 줄 알았다면 오산이다

마포구는 '민관 거버넌스의 소통과 협력을 통해' 주민주도형 특구를 조성하겠다고 하지만, 주민설명회는 한 두 차례 있었으나, 직접 이해 당사자인 청년과 문화예술인에게 충분한 설명과 논의 없이 진행되었다. 지역에 거주하며 지역의 문화를 창출해온 이들은, 비록 설명회장에는 초대받지 못했지만 목소리 내기를 포기하지 않았다. 설명회장 '바깥에서' 이들은 홍대에 진정 필요한 공간이 어떤 곳인지, 어떤 사람들이 밀려남에 저항하고 있는지 뚜렷한 존재감을 발휘해왔다.

도시의 공간들이 대기업과 투기 자본으로 상품화되는 현장에 청년, 청소년, 문화예술인들이 있었다. 예를 들어, 십 년 전 칼국수집 두리반이 그랬다. 두리반은 홍대입구역 4번 출구 근처에 자리잡고 있었는데, 2009년 신공항 철도 역사가 들어서게 되면서 이 건물의 재건축 공사가 시작되었고, GS건설의 용역들은 버티던 가게 주인장을 위협했다. 버티기를 도우려고 예술인과 연대자들이 모여 들어 531일간 매일같이 공연과 '파티'를 벌였다.

자본이 없는 이들이 서로를 연결해 있을 곳을 지킨다는 끈끈한 공감대가 있었다. 이들의 싸움은, 비록 그 자리를 지키지는 못했지만 다른 곳으로 옮겨갈 수 있는 보상을 얻는 흔치 않은 승리를 거두었다. 두리반 이후, 명동 마리, 한남동 테이크아웃드로잉, 경의선공유지를 비롯해 강제 퇴거 '밀려남'에 저항하는 투쟁 현쟁에는 다양한 사람들이 모여드는 '점거 공동체'가 형성된다.

　　2010년 도시재생사업으로 세종마을음식문화거리가 조성된 이후 급격한 상업화로 투기자본이 들이닥친 서촌 궁중족발에서도 그랬다. 보증금 3000만 원, 월세 300만 원을 내던 임차상인에게 건물주는 '보증금 1억 원, 월세 1200만 원'을 통보했다. 나가라는 것이었다. "궁중족발이 쫓겨나면 모두가 쫓겨난다"고 생각하는 사람들이 모였다.

　　이 때도 강제집행에 대항하기 위해 철문을 굳게 닫아 건 점거공동체 공간은 큰 역할을 했다. 그 공간 안에서 사람들은 2017년 10월부터 2018년 6월까지 이어진 12차례의 강제집행을 버티며, 같이 노래를 부르고 음식을 나누어 먹었다. 영업이 멈춘 가게의 임차상인은 연대인들을 위해 여러 요리를 만들었고, 족발집이지만, 동물권 활동가 연대인들를 위한 비건 음식도 종종 나누어 먹었다.

　　젠트리피케이션으로 밀려나게 된 많은 곳들은 패배했다. 하지만 사람들은 또다시 버티고 서로를 연결하고 공동체를 만들고 있고, 앞으로도 그럴 것이다. 그러니, 개발을 꿈꾸는 이들은 조금쯤은 각오하고 일을 벌리는 것이 좋다.

일상에 해로운 관광특구, 반대하지 않을 도리가 없다

　　코로나 19와 기후위기의 시대, 우리의 일상은 한층 더 불안해졌다. 모임과 커뮤니티 활동은 제약되었고, 실직이 이어지며, 가게를 운영하는 상인들은 건물주에게 임대료를 동결해주기를 '부탁'하는 실정이다. 주변이 온통 돌봄독박과 코로나 블루로 괴롭고 우울한 사람들 투성이다.

　　이러한 위기 속에서 가장 절박한 과제는 사람들이 무너지지 않도록 일상을 유지할 수 있게끔 하는 일이 아닐까. 코로나 19로 정지된 삶의 권리들을 확인하고, 그것을 회복할 수 있게끔 하는 것. 한 사람이 주변과의 관계망을 지속하고, 대화할 사람들을 만나고, 갈 수 있는 작은 가게들을 갖고, 공연을 누리고, 서로를 돌보는 것과 같은 생활에 필요한 요소들을 보장받을 수 있게끔 하는 것.

　　나는 마포구의 관광특구 계획이 이러한 우리의 '일상의 권리'에 정면충돌하는 계획이라는 것을 새삼 지적하고 싶다. 홍대에서 공연음악을 누리고, 개성적인 가게에 들르며, 집회와 캠페인을 벌이는 일상을 사랑하는 서울시민으로서 나는 홍대 관광특구 개발계획에 반대한다.

　　관광산업으로 인한 도시공간의 재편은 불평등을 심화시키고 밀려남을 가속화시키며, 도시 내 장소들에서 일상적으로 생성되던 관계와 문화를 파괴할 것이다. 나의 예술가, 활동가, 상인 친구들, 몫 없는 주민들이 밀려날 것이며, 사실 이미 그래왔다. 기후정의 활동가로서, 마포구가 목표로 하는 '천만' 관광객이 타고 오는 비행기가 내뿜게 될 탄소가 지구온도에 어떤 영향을 미칠지도 매우 걱정이다. 그러한 이유로, 나는 마포구가 관광특구 계획을 철회하기까지 동료 시민들과 함께 싸우기로 결심했다. 그러지 않을 도리가 없다.

Chatper 2.
우리가 국경 앞에서
멈추지 않는다면

▼

국경을 건너 친구들을 만나면서 느낀 점은 문화적인
차이 한 편, 도시화와 젠트리피케이션, 주거와 실업
등 우리가 공통으로 겪고 있는 문제가 많다는 것이다.
우연한 계기로 마음을 보내는 연대에서 몸을 쓰는
연대를 시작하고나서는 더 놀라운 사실이 보였다.
우리가 아예 하나의 문제를 겪고 있다는 점이다.
탄소에는 국경이 없고, 저임금 노동자를 찾아 이동하는
자본도 그렇다.

1

아시아 자치구 서미트
"누구도 외부인이 아니다"

(2021.10.28 전남대 인문주간 <국가폭력과 사회경제적 불평등에 맞서는 국제연대>
강연을 엮어낸 전남대학교 출판부, <평화와 연대의 인문학> 글 중 발췌)

2017년 9월 25일 서울 마포구 경의선 공유지에서 열린 <아시아 자치구 서미트>에서는 대만, 홍콩, 중국 상하이, 일본, 남한 등지에서 모인 '반란자'[2]들이 "没有人是局外人누구도 외부인이 아니다"라고 쓰인 현수막을 함께 들었다. 대만 원주민 영지 재개발 반대운동의 슬로건이었다. 각지의 당사자들이 아시아 곳곳에서 일어나는 젠트리피케이션, 재개발 반대운동과 다양한 자치공동체 운동 상황을 공유한 후, 이들은 서로 '외부인'이 아니며, 자본과 국가 권력에 의해 침해되는 '우리'의 문제에 대해 연대하겠다는 '공동선언'을 채택했다. 또, 대만에서 온 참가자의 연대 요청을 받아, 홍콩 동북부 재개발을 막으려다 수감된 활동가들을 지지하는 성명서를 작성해 중국대사관 앞에서 기자회견을 열고 항의서한을 전달하기도 했다.(한 참가자는 이에 대해 홍콩의 문제를 왜 중국대사관에 말하냐며 이의를 제기하였다.)

나 또한 이 행사의 기획자 중 한 명으로서 참여했다. 행사의 해외 참가자들 중 많은 수는 그 전 해에 일어나 대통령을 퇴진시킨 한국의 '촛불운동'에 큰 관심을 갖고 있었다. 2014년 대만 국회를 점령한 학생들의 '해바라기 운동', 홍콩의 '우산운동'에 이어 아시아에서 또다시 강력한 시민운동을 일으킨 한국에 관심을 갖고, 그 사회 속의 사람들이 어떤 삶의 문제를 안고 무엇을 바꾸고자 했는지 궁금해하던 참이었다. 자유로운 교류로 시작된 행사는 서로의 상황을 공유하면서 자연스럽게 연대 행동으로 이어졌다. 언어와 사는 지역은 달라도 서로의 문제에 공감하고, 함께 행동할 방법을 즉각적으로 발견해낸 것이다. 그만큼 각자가 겪고 있는 문제들이 비슷한 성격이기도 했다. 청년, 예술인, 연구자, 활동가, 여성, 소수자, 비정규 불안정 노동자 등등의 위치를 가졌던 '우리'는, 사는 나라가 달랐음에도 대체로 비슷한 경험을 공유하고 있었다. 한편, 각지의 다른 상황과 저항의 방식에 대해 깊은 호기심을 가지기도 했다. 그래서 우리는 친구가 될

---

2 이 행사의 참석자들은 스스로 '반란자'라고 명명했다. '남이 시키는대로 살 수 없고 제멋대로 튀어나와 세상을 휘저어놓'으며, 정부와 자본이 행하는 폭력에 대항해 일탈행위를 멈추지 않는 독자적인 문화권을 형성하며, 세태를 거역하며 교류할 수 있는 공간들을 만들어나가는 이들이라는 의미이다.

수 있었다.

이후 2019년 홍콩 반송환법 운동이 일어났을 때, 나는 홍콩에 있던 친구의 안부를 묻다가 홍콩 시위에 연대하게 되었다. 홍콩시위를 진압하는 경찰폭력의 수위에 분노한 한편, 멀리서나마 지속적으로 연대해 나가기 위해서 '국가폭력에 저항하는 아시아 공동행동'이라는 그룹을 결성했다. 곧 다른 그룹들과도 네트워크가 결성되었고, 함께 홍대입구역 9번 출구 앞에서 정기 집회를 진행했다. 집회에는 고국의 일에 마음을 졸이던 재한홍콩인들도 합류했다. 우리는 홍콩의 투쟁을 한국에서 이슈화하면서 국제적인 압력을 넣기 위한 활동을 펼쳤다. 꾸준히 연대활동을 하면서 현지에서 힘겹게 싸우는 홍콩의 시민들에게 힘을 주고 싶은 마음이었다. 연대활동을 시작하니 다른 나라의 일도 모른척할 수 없었다. 태국, 그리고 미얀마의 시민 항쟁에 연대하는 활동에도 자연스럽게 함께하게 되었다.

2017년 <아시아 자치구 서미트> 행사 사진. 아시아 각지에서 온 참가자들과 함께 "누구도 외부인이 아니다"라고 쓰인 현수막을 함께 들고 있다.

전남대학교 인문주간에 열린 <국가란 무엇인가?> 연속 강연. 필자도 국제연대 분야 강연자로 참여했다.

아시아의 '반란자'들이 모였던 <아시아 자치구 서미트>가 열린 '경의선 공유지'는 2016년부터 시민들이 점유하여 서울의 '26번째 자치구'를 선언한 공간이었다. 이곳에는 서울의 여러 지역에서 쫓겨난 노점상, 주거지를 강제철거당한 청년, 장애인권운동단체 등이 들어와 있었다. 국공유지를 활용할 다양한 방법의 필요성에도 불구하고, 경의선 공유지는 민간사업자가 개발을 진행하기 위해 작년 철거되었다.

각지의 크고 작은 반란들이 고난을 겪고 있다. 연대하려는 사람들이 모이고 교류할 수 있는 공간들은 자꾸만 줄어들고 있고, 일상은 중단하고 도시를 마비시켰던 '반란자'들은 체포되고 감옥에 갇혔다. '국가폭력으로 우리 삶의 의지와 역동을 막을 수 없다'는 선언은 종종 무력하게 느껴진다. 하지만 '실패'라고 결론을 내리기에는 한참 이르다. '이전으로 돌아가지 않겠다'고 결심한 이들이 있기 때문이다.

비록 반란이 실패로 끝날지라도, 정권을 교체하지 못할지라도, 이전의 사회로 결코 돌아가지 않을 것이고, 돌아갈 수도 없다고, 끈질긴 싸움에 나선 사람들이 있다. 이들의 싸움은 지금껏 이 세상이 침묵해온, '어쩔 수 없다'고 참아 넘겨온, 어쩌면 우리가 굴복해온 문제들을 드러낸다. 미얀마 시민들의 투쟁은 '생명보다 이윤'을 쫓는 한국 기업의 기만성을 폭로했고, '다윗과 골리앗'의 싸움으로 불리는 '거대중국'에 대한 홍콩인들의 싸움은 국가통합이라는 명목하에 다양성과 자치의 권리를 앗는 국가주의가 자본주의적 특권과 어떻게 결부되는지 드러냈다.

그리고 '우리'가 있다. 우리는 누구인가. 한국 사회에 함께 살고 있는 우리는 우리라고 함께 묶일 수 있는 존재들인가.

'우리' 사회에서는 경제적 이윤 추구와 정치적 비민주 속에서 어떤 사회 구성원들이 배제되고 인권침해를 겪고 있는가. 이것은 우리가 동의하고 합의한 사회가 맞는가. 그것이 아니라면 우리가 살아 마땅한 사회는 어떠한 것인가. 더이상 억압을 견디지 않겠다고, 새로운 정치 공동체를 세우기 위해 궐기해 싸우고 있는 아시아의 시민들은 우리에게 무엇을 질문하고, 무엇을 요구하고 있는가. 같은 사회의 시민이지만 어쩌면 외면하고 무시하고 있는 문제들이 국경이 맞물리고 사람들이 교차되는 현장에서 드러나고 있다. 우리는 이 실마리를 잡고 더욱 더 파고 들어 문제의 근본원인을 파악하고, 야만과 비참이 더는 반복되지 않도록 서로 연대하여 이 세계를 새롭게 상상하고 바꿀 수 있는 자격과 권리가 있지 않을까.

미얀마에서 희생자들의 소식이 들려올 때마다 마음을 졸이는 나날이다. 희생이 너무 평범한 일이 되었기에 어쩌면 무뎌질까봐 두렵기도 하다. 시민들의 용감한 저항이 지속되고 있는 가운데, 스스로 총을 드는 것을 선택하는 청년들을 보는 마음이 무겁다. 정치적 망명을 선택할 수밖에 없었던 홍콩의 운동가들이 홍콩에 남은 동지들에 대한 죄책감을 토로할 땐 그만 턱, 말문이 막힌다. 우리는 태어나고 자라는 곳을 스스로 선택하지 않았지만, 우리가 사는 역사 속에서 무엇을 할 것인지 매순간 선택해야 하고, 어떤 이들에게 그 선택은 개인의 삶을 넘어 생명과 인권, 민주주의, 그 사회의 미래라는 무게로 주어진다. 지배받는 것을 거부하고 '다른 역사'를 만들기 위해 나선 미얀마, 홍콩, 그리고 아시아 각지의 동지들에게 깊은 연대의 마음을 보내며, 내가 선 이곳에서 '우리'의 역사를 함께 만들어갈 것을 다짐한다.

2

여기 우리가 살고 싶어요

<미래의 집> - 각주 설명 : 2020년 제 24회 서울인권영화제 <홍콩투쟁연대특별섹션 : 시대혁명>에서 상영된 작품.
불평등한 사회에서 각자의 주거난을 겪고 있는 홍콩인들에게 투쟁이란 무엇인지 묻는다.

2017년 8월 15일 홍콩 고등법원은 3년 전 동북부 개발 계획에 반대하다 체포된 13명의 피고에 대해 8~13개월의 즉각적 구속형을 선고했다. 이는 '우산혁명'이라 불리는 센트럴 점령(Occupy Central)으로 비슷한 시기에 선고를 받은 피고들에 비해서도 높은 형량이었다. 동북부 신 지구 개발은 홍콩에서 가장 큰 개발 계획으로 명목은 토지 공급 증대, 인구 증가에 따른 스트레스 완화, 산업과 상업의 확장에 있었다. 그러나 이는 정부가 개발자들이 저렴한 가격으로 토지를 확보하도록 한 후 공유지를 사유지화하는 방식으로 이루어졌고, 뭇 없는 시민들을 위한 거주권은 개발자들의 관심사안이 아니었다.

수감된 홍콩의 활동가 대신 대만의 강제퇴거반대 활동가들이 그해 서울에서 열린 국제교류행사에서 이 사건을 전하며 연대 서명을 모았다. 아시아 각지에서 온 운동가들과 경의선 공유지 활동가들은 서명지를 들고 중국대사관 앞에서 홍콩 활동가들의 석방을 요청하는 기자회견을 열었다. 우연의 일치인지 연대의 장이 된 '경의선 공유지' 또한 한국철도시설공단이 공유지를 이랜드월드에 넘기면서 상업지구로 개발 중이고, 다른 지역에서 쫓겨나 공유지에 '26번째 자치구'를 일군 상인, 문화예술인, 철거민들은 또다시 내쫓겨 이리저리 흩어졌다.

한국과 홍콩이 겪는 문제는 많이 닮아 있다. 고도의 경쟁사회이며 일자리도 부족한 두 나라에서 시민들은 비싼 비용을 지불하고도 비좁은 공간에서 살아가며, 주기적으로 옮겨다닐 걱정이 없는 자신의 집을 갖기 위해서는 20년 이상 허리띠를 졸라매고 살아야 한다. 공공임대주택은 턱없이 부족하고, 입주를 하기 위해서는 이런저런 조건을 갖추고 한참의 대기시간을 보낸다. 이성결혼과 출산이라는 '정상가족'의 삶의 과정을 거치지 않는 이들에게는 안정적인 주거권은 더욱 멀고 멀다.

홍콩의 부동산 가격은 세계 최고 수준이지만, 홍콩의 빈곤층 비율은 20%에 달하며 이들 중 많은 수는 '닭장 아파트' 내지는 '쪽방'이라 불리는 극히 열악한 주거환경에서 생활한다. 이와 같은 빈곤층 증가는 부동산 가격과 관광객 유입에 의존하는 홍콩의 경제 구조 속 빈부격차와 사회적 안전망 부재에 기인한다. 시위를 통해 터져나온 홍콩 시민들의 불만과 분노는 정체성 인정과 정치적 권리 요구로 주로 가시화되지만, 경제적 요소도 크다. 주거권, 일자리, 최저임금 등 민생문제를 해결하기 위해서는 시민들을 대변할 수 있는 민주정부가 수립되어야 하고, 이들의 참정권 요구는 생존과 직결된 문제이기도 하다.

홍콩시민들은 자신들의 시위를 지지하는 상점을 이용하는 경제운동을 펼치고 있다. 이를 민주화시위를 상징하는 '노란색'에서 따와 '황색경제권 운동'이라 한다. 홍콩시위를 반대하거나 중국자본으로 운영되는 상점에 경제적 타격을 입히는 방식으로 저항하겠다는 의미가 크다. 각계 파업이라는 방식으로 시위를 이어가기도 하는데, 시위 과정에서 노동조합 조직률이 유의미하게 높아지기도 했다.

시위에는 다수의 이주노동자들도 참여했다. 필리핀 등 인근 국가에서 이주해온 입주 가사노동자들은 주말이면 고용주 가족이 단란한 시간을 보낼 수 있도록 집을 나와 길거리, 육교에 박스를 깔고 앉아 피크닉을 여는데, 육교와 거리 전체가 이들로 장사진을 이룬다. 이들과 시위 군중이 뒤섞인 모습이나 이주노동조합 주최로 '최저임금 인상', '노동시간 단축' 등을 내걸고 집회를 여는 풍경도 홍콩시위에서 흔히 볼 수 있었다. 사회적 격차와 차별 등 첨예한 쟁점들이 낳는 온도차와 긴장감 속에서 시위는 거리에 몰아치고 있었다. 홍콩시위가 반중국이나 정체성 투쟁만으로 좁혀질 수 없는 이유이다.

영화의 말미에, 홍콩 대도시에서 섬과 섬처럼 고립되었던 사람들이 광장으로 나와 함께 싸우며 자유와 평등함을 느낀다. 나는 그들에게서 '홍콩'이라는 정체성이 중국에 반대해 정립되는 것이 아니라, 홍콩에서의 삶에 대해 무엇을 요구하고 그 땅을 어떻게 일구어나갈지 공동의 문제의식을 나누며 연대하는 공동체적인 것으로 정립되어가는 풍부한 가능성을 본다. 끝없이 이어지는 싸움 속에 지치고 힘들더라도 부디 끊어지지 않기를 바란다. 공유지 위에 선 미래의 집에서 우리는 덜 슬프고 외로울 수 있을 것이다.

2019년 홍콩 민주화시위에 연대하는 필자. 시위대는 경찰폭력에 맞서 헬멧과 고글 등 보호장비를 갖추었다.

3

기업의 이윤이 생명과 인권 앞에 놓이지 않는 사회
: 한국 정부와 기업은 왜 미얀마 군부와 협력하나

경제협력 논하고 기업이윤 추구하고… "미얀마 시민을 향한 총알" (2021.12.1 한겨레21 기고글)

저는 한국의 국제연대 활동가입니다. '국가폭력에 저항하는 아시아 공동행동'이라는 단체에서 세계 각지에서 일어나는 국가폭력을 고발하고 그에 맞서기 위해 국경을 넘은 연대 활동을 하고 있습니다. 현재 저는 한국 시민사회단체 106곳이 함께하는 '미얀마 민주주의를 지지하는 한국 시민사회단체모임'(미얀마 지지 시민모임)에서 활동합니다. 폭력과 차별이 끊임없이 행해지는 구조를 깨기 위해서 넓고 강한 연대가 필요하다는 걸 깨닫고 있습니다.

평화를 위한 국가의 책무를 요구한다

지금 미얀마에서 일어나는 시민 학살은 우리가 속한 국가와 사회가 얼마나 많은 폭력으로 지탱되는지 알려줍니다. 한국 시민은 미얀마 시민과 연대하면서, 한국 기업이 이윤을 추구하는 행위가 어떻게 미얀마의 군부독재를 강화하고 시민 학살에 연루되는지 알게 됐습니다. 서울 강남구 테헤란로 포스코 건물 앞 집회에 참여한 한 재한미얀마인 청년은 "포스코가 (가스전 사업 컨소시엄을 통해) 군부에 주는 건 돈이 아니라 시민을 향한 총알"이라며 컨소시엄에 들어온 미얀마 군사정권에 수익 배분을 중단해달라고 호소하기도 했습니다.

여러 나라와 유엔에서 미얀마 군부를 비난하고 민주주의를 지지하는 선언이 반복되지만, 실제로 미얀마 군부의 폭력을 막는 조처를 하지 않습니다. 미얀마 시민과의 연대를 말했던 한국 정부는 미얀마 군부와 경제협력을 논합니다. 이것은 시민의 생명과 안전보다 국가 이권과 기업 이윤이 중요하다는 신호를 주는 일이며, 국가의 정당성 자체를 훼손하는 일입니다.

한국은 기업 행위로 인한 인권침해를 막을 수 있는 법과 제도를 제대로 갖추지 않았습니다. 투자 윤리 지침을 지키도록 하는 강제성이 미비하고 관련 법 제도가 허술합니다. 미얀마 가스전 사업에 투자하는 포스코는 인권침해 책임에도 한국형 이에스지(ESG, 환경·사회·거버넌스) 지표인 K-ESG에서 최상위 등급을 받았습니다. 한국 시민사회와 국회의원이 한목소리로 미얀마 가스전 사업에 관련된 해외자원개발사업법의 개정을 요구하지만, 산업통상자원부는 기업 자유권을 침해할 수 있다는 이유로 자원개발 기본계획 수립 때 국제기준을 준수할 것과 인권 실사(Due Diligence)를 의무화한 조항 등을 담은 법 개정안에 "동의가 곤란하다"고 합니다.

비록 정부와 기업은 낡고 폭력적인 관행을 답습하지만, 한국 시민은 우리의 정치 과제를 발견하고 새로운 원칙을 만들고 있습니다. 한국 기업이 미얀마 군부에 수익금 배분을 중단하라고 요청하는 서명운동에 1만 명 넘는 한국 시민이 참여했습니다. 아무리 기업이 돈을 많이 벌고 국가가 경제성장을 해도, 국가가 시민의 생명과 안전을 보호하지 못하고 모든 시민이 보편적인 사회경제적 권리를 누릴 수 없다면 아무런 소용이 없다는 사회적 합의가 이루어지는 것입니다.

미얀마 시민 항쟁은 세계의 희망

저는 미얀마 시민들의 항쟁에서, 우리가 함께 사는 이 끈질긴 폭력의 세계를 깨뜨릴 수 있겠다는 희망을 가집니다. 아무리 강고한 탄압과 폭력도 빛을 향해 나아가려는 우리 의지를 막을 수 없다고, 기어코 다른 세계는 만들어질 수 있다고 확신합니다. 미얀마 시민은 세계 각지에서 인권과 민주주의를 위해 싸우는 시민들의 빛입니다.

국적과 언어는 달라도 폭력과 차별을 깨고 평화와 공존의 세계, 희망의 세계로 나아가려는 우리의 뜻은 같고 우리는 동지입니다. 미얀마의 군부체제가 종식되고 평화와 민주주의가 실현되는 그날까지 끝까지 미얀마 동지들과 함께하겠습니다.

#Stand with Myanmar

주한중국대사관 앞에서 중국 정부가 미얀마 군부와의 협력을 중단할 것을 요구하는 1인 시위를 진행하는 필자.

4

제국적 생활양식을 넘어서
– 울리히 브란트, 마르쿠스 비셴

상현의 내 인생의 책(5) 2021.6.3 경향신문 기고글

"인류는 자신이 창조한 것에 의해 정의되지 않고, 자신이 파괴하지 않기로 선택한 것에 의해 정의된다"는 에드워드 윌슨의 말을 발견했을 때, '파괴하지 않기로 선택하는 것'은 내 인생에 화두가 되었다.

발전과 이윤의 논리로 파괴되던 밀양, 핵발전소 건립이 밀어붙여지던 삼척에서 저항운동에 참여하면서 나는 수도권과 지방의 격차, 위험요소가 더 약한 곳으로 전가되는 구조를 보기 시작했다. 한편 전기 사용과 육식을 비롯한 내 생활이 악의 없이도 환경과 타자의 생존과 사회를 파괴할 수 있다고 인식하게 됐을 때, 죄책감에 떨기보다는 '어떻게 바꿀 것인가'를 강구하기로 마음먹었다. 이 책은 북반구의 자본주의 중심부의 일상생활이 남반구로부터 노동과 자연의 이전을 전제하며 다른 곳의 사회들을 위계적 방식으로 구조화하는 제국적 생활양식에 기반한다고 지적한다. 그 현실을 바꾸기 위해, 근저에 놓여 있는 사회적이고 국제적인 세력 관계를 분석하고, 개념들을 어떻게 활용하면 좋을지 소개한다. '써 먹을 수 있게끔' 자세하게 설명하고 어떻게든 독려하는 책을 만나서 반갑다.

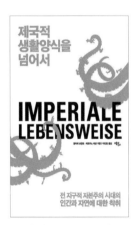

사진 출처 : 알라딘 ©에코리브르

책에 대한 비판도 눈여겨본다. 자연과 여성 노동력을 분리하고 재전유하는 외부화 과정을 짚은 페미니즘의 비판, 해방적 생활양식의 정식화와 이를 위한 투쟁이라는 '대립물의 정치경제학'이 필요하다는 비판을 곱씹게 된다. 얼마 전, 국제 청소년 기후운동 단체 '미래를 위한 금요일'은 기후정상회의의 공허한 약속을 집어치우라고 일갈했다. 탄소 배출량 감축 목표를 두고서, 재고 따지는 '제국'의 회의에서, 국경을 넘은 '연대'로 관심과 동력을 끌어오는 순간이었다. 제국의 안팎에서 더욱 전면적인 연대와 전환의 가능성이 만들어지길 바라며, 전 세계의 동료들을 더 깊게 만나고 싶다.

5

모두의 지구를 위한
국제연대

착취적 해외자원개발과 인권/생태 책무 회피를 넘어 한국사회의
정의로운 전환과 국제연대 말하기 (2021.10.1 녹색전환 공론장
<모두의 지구를 위한 국제연대> 기조 발제문)

모두의 지구, 한국의 좌표

에너지, 에너지를 생산하기 위한 자원은 우리 사회 생산과 소비를 떠받치는 기반이 된다. 이미 '기후악당국'이라고 불리는 대한민국의 명목 국내총생산(GDP)는 올해 세계 10위로 전망되었으며, 대한민국은 누적 탄소배출량 상위 20개국에 들며,(2017년 기준 17위) 1인당 소비 차원에서는 G20 국가 중 다섯 번째로 많이 이산화탄소를 배출하는 국가이다. 이러한 한국이 '탈탄소 정책'에서 좀처럼 말하지 않는 것은 '정의로운 전환'과 '국제적 책임'이다. '탄소감축 목표 수치'를 상향하자는 사회적 요구 가운데, 노동과 농업 등의 '정의로운 전환'과 전환과정에서의 관련 당사자들의 생활과 생태환경 보장은 여전히 당사자들의 참여를 통한 구체적인 계획 마련이 너무나 미흡하다. 국가의 기후위기 대응정책 근거가 되는 '탄소중립 녹색성장 기본법'은 기후위기에 대해 산업자본과 국가의 책임을 산정하는 대신, 사회구성원들에게 책임을 분산시키고 산업과 기술을 지원하는 방향성을 택했다. 산업자본과 기술 의존적인 국가정책은 '정의로운 전환'을 우리 사회에서 어떻게 해나갈 것인지 상상력을 좁히는 요인이다. 대한민국 정부의 '2050 탄소중립 계획'을 보면, 아시아, 아프리카, 중남미 지역에 250만 ha이상 규모의 **REDD+** 사업추진으로 해외 흡수원을 확대한다는 계획을 세우고 있다.

에너지 전환을 이야기하면서, 그 자원이 어디서 생산되어서 어떻게 오는지를 살피는 것은 중요한 '정의'의 문제이다. 한국의 대기업 포스코의 미얀마 가스전 사업에서 보듯, 자원개발의 폭력성과 윤리성, 비민주적인 정치체제와 경제권력의 결탁 문제가 지적되지만, 기업의 투자행위에 대해 적절하게 규율할 수 있는 법제도를 우리 사회가 마련하고 있지 않음이 드러났다. 미얀마 쿠데타가 발생한 올해 2월부터 미얀마

---

* REDD+(Reducing Emissions from Deforestation and Forest Degradation Plus) : 개도국의 산림파괴로 인한 탄소 배출을 줄이는 활동으로 기후변화협약 하에서 중요하게 다루어지고 있는 온실가스 감축 메커니즘)

와 한국의 시민사회에서는 꾸준히, 포스코와 미얀마 군부의 관계 단절, 사업대금 지급 중단을 요구하였지만 다른 나라의 자본이 철수하는 와중에도 포스코는 아직 뚜렷한 답변을 내어놓지 않고 있다. 또한 전세계적으로 '탈탄소' 정책을 펴는 와중에도 한국은 국내 석탄화력발전소 건설 강행은 물론, 베트남 붕앙 등지의 석탄화력발전소에 투자하는 계획을 세우고 있다. 청년기후긴급행동 소속 활동가들은 기후위기를 가속화하는 해외 석탄화력발전소에 9천억원 규모의 투자 계획을 세운 두산중공업을 비판하는 시위를 했다가 조형물 훼손을 이후로 거액의 손해배상 소송을 제기당했다. 이들은 이에 불복해 기후불복종 운동의 정당함을 주장하는 '기후소송'을 제기하였으며, 이에 따라 기후위기의 책임을 묻는 'Shame on Doosan 두산은 부끄러운 줄 알라'는 운동이 번져가고 있다.

이러한 상황 아래, P4G 국제회의장에서 포스코와 SK 등 기업들은 '수소경제 미래'를 열어갈 것을 주창했다. 그러나 전기차 배터리의 생산과 유통, '그레이 수소'의 생산 과정에서 발생하는 탄소와 해외 천연가스 채굴 현장에서의 상황들은 우리에게 에너지 소비지에서의 '전환'이 그와 연결된 다른 국가에 어떤 영향을 주는지 살필 것을 요구한다.

<녹색전환 공론장> 국제연대 분야 홍보물

잔존한 개발주의와 해외자원개발, 자원은 누구의 것인가

한국은 유신 말기인 1979년에 제정되어 여러번 개정을 거치며 이어져온 '해외자원개발 사업법' 법률을 두고 있다. 제1조에 명시된 이 법의 목적은 '해외자원의 개발을 추진하여 장기적이고 안정적으로 자원을 확보함으로써 국민경제의 발전과 대외경제협력의 증진에 이바지함을 목적으로 한다'는 것이다. 한국의 시민사회단체는 이 해외자원개발법을 개정하여 '인권과 환경 실사' 기준을 갖추기를 요구하고 있다. 미얀마 가스전 개발 사업에서의 인권 침해와 환경 파괴가 그 직접적 계기가 되었다. 국회에서도 이에 응답하여 법안 개정을 검토하고 있지만, 정부부처(산업자원통상부)는 타국의 인권과 생태환경보다 '대한민국의 안정적인 자원 확보'를 최우선시하는 이 법의 목적을 근거로 들면서 법 개정에 대해 '동의가 곤란하다'는 기본입장을 세우고 있다. 한국이라는 국가의 근간을 이루는 법제도를 그 뿌리와 골자부터 다시금 돌아봐야 하는 이유이다. 기업의 영업행위에 지침이 되어야 할 K-ESG 또한 마땅한 점검 방안을 갖추지 못함으로써 미얀마 인권 이슈가 지속적으로 제기되는 와중에도 포스코의 경영에 최상위 등급으로 '면죄부'를 주었다.

자원개발에 대한 관점은 국제개발협력 분야에서도 나타난다. 기후위기의 근본대책이 될 수 없는 '녹색성장'이라는 관성적인 노선은 공적개발원조(O.D.A) 사업을 통해 '개발도상국'에 수출되고 정착된다. 우리는 이 국제연대 공론장을 통해 '녹색'의 두 가지 얼굴을 다룰 것이다.

착취적 자원개발의 현장과 개발과정에서의 인간과 환경에 대한 폭력 상황은 우리에게 '자원은 누구의 것이어야 하는지' 묻는다. 개발자본과 결탁한 국가권력의 폭력 속에 밀려나는 사람들과 파괴되는 공동체, 훼손되는 땅을 목격하며, 우리는 미얀마의 시민학살, 로힝야 난민과 밀양과 강정을 연결한다.

미뤄온 생태적 책무, 한국은 어떻게 질 것인가

현재 국제형사재판소((CC)에서는 '생태학살(Ecocide)' 법안을 다루고 있다. 광범위한 환경파괴를 유발하는 '생태학살'을 집단학살, 전쟁범죄, 반인도적 범죄와 침략범죄에 이은 제 5의 범죄로 규정하려는 논의이다. 올해 12월에 열리는 ICC 연례회의에서 법안이 채택된다면, 생태학살은 심각한 국제범죄가 되며, 붕앙-2와 자와 9·10기를 건설한 두산중공업을 포함해 기후위기를 가속화하는 기업과 정부가 국제범죄의 가해자로 법정에 설 가능성이 열린다.

이 흐름에서 대한민국은 생태에 대한 국가적 책무를 어떻게 논의하고 법제도화할 것인가. '점진적인 개선'을 말하기에 우리가 해야할 과제가 절박하고 무겁다. '급진성'은 더이상 '이상적인 시도'가 아니라, 우리가 이미 했어야 하지만 지금까지 행하지 않았기에, 미래 세대에 이 모든 과제들을 떠넘기지 않기 위해서 수행해야 하는 당연한 책무가 되었다. 지금까지도 '기업과 인권네트워크'를 위시한 시민운동은 인도에서의 LG화학의 가스 누출사고, 마다가스카르에서 벌이는 포스코인터내셔널의 팜유 사업과 열대우림 훼손, 라오스 댐 붕괴 참사 등 기업의 '범죄'를 고발하고 '책무'를 말해왔다. 이미 오랫동안 외면해왔으며, 이미 돌이킬 수 없는 파괴들이 있었다. 전환을 하기에 지금 시점은 전혀 이르지 않다.

모두의 지구를 위한 우리의 과제

한국사회는 현재 변화의 기로에 있다. 한국사회 근간을 이루는 관성적 법제도와 정책은 많은 경우,

변화의 요구와 흐름에 충돌한다. 수많은 시민들의 저항과 제도 개선으로, 멈췄던 변화의 시계가 차차 움직이고 있지만 '기후정의'라는 절박한 과제 앞에 그간 이 과제를 미뤄온 한국사회는 사회 각 분야의 '시차'를 겪고 있다. 이러한 혼란 속에서, 우리는 그간의 운동을 보다 대중적으로 확산하고 대안적 구조에 대한 '사회적 합의'를 이루는 계기를 만들어나가고자 한다.

이번 국제연대 공론장에서는 자원의 생산 과정에 얽힌 문제점들, 자원에 대한 소유와 개발권 문제를 지적하고, 저항운동과 시민들의 민주적인 참여로부터 형성하는 대안적인 구조에 대해 이야기하고자 한다. 기후정의와 사회적 책무에 앞서 기업의 자유로운 영업행위가 보장이 되어야 한다는 사회적 인식의 '관성'을 끊고, 기후위기 시대, 정의로운 전환의 책임이라는 관점에서 우리 사회의 연대적 법제도를 상상해보자. 그리고 그런 사회를 만들어가기 위한 우리의 흥미진진한 저항과 삶에 대해서 함께 그려보자.

기후정의라는 세계관

▼

영국과 유럽에서 멸종저항 운동이 불붙던 2019년,
한국에서도 시민사회단체들이 '기후위기 비상행동'을
결성하여 도심을 메우는 대규모 집회를 펼쳤다.
기후위기 비상사태 선언은 기후정의 체제요구로
이어졌다. 기후위기에 맞서는 과정에서 기후위기를
만들어온 화석연료 산업체제를 전환하며, 불평등한
사회구조 또한 바꾸어내자는 것이다. 기후정의라는
세계관은 고도 경제성장과 산업체제 대신 풀뿌리,
최전선 공동체의 삶에 가장 먼저 시선을 둔다.

1

"이 세상을 우리가 원했나요?" 지금 당장 기후정의

[인터뷰] '기후위기 중랑행동' 지역활동가
중랑마을넷 상현씨 (2021.10.26 글 : 서창식)

면목역 광장에서 '기후정의 서울' 서명운동을 벌이는 시민들

'기후행동의 날'을 기획하게 된 이유는 무엇인가?

　　"기후 위기로 인한 재난들이 폭증하고 있고, 전 세계적으로 시급하게 온실가스 감축 계획이 마련되고 있다. 하지만 한국의 국회에서는 감축 목표가 한참 부족하다. 기후위기에 책임이 있는 기업과 국가에 책임을 묻지 않고, 되레 기업을 지원하며 기술적 해법에 의존하는 '탄소중립 녹색성장 기본법'이 제정되었다. 이에 시민들은 기술경제적 해법을 넘어, 기후위기와 불평등을 동시에 막아낼 수 있는 '기후정의'가 '지금당장' 필요함을 촉구하게 되었다."

탄소중립 없는 탄소중립 시나리오? 정확하게 어떤 부분이 문제가 된다고 생각하나?

"시민 행동의 도화선이 된 것은 농민, 노동자 등 기후위기 주요 당사자들이 배제된 채 구성된 '탄소중립위원회'와 탄소중립이 없는 '탄소중립 시나리오'이다. 강력한 기후위기 대책을 말하는 시민들의 요구들이 국회와 정부의 문턱에서 축소되고 변질되었다고 생각한다."

정치권에게 요구하는 사항이 있다면?

"2030년 감축 목표를 정의롭게 수립하고, 신규 석탄화력발전과 신공항 계획을 중단하고 분명한 온실가스 감축 행동이 필요한 때이다. 또한 기만적이고 불충분한 탄소중립 녹색성장 기본법을 폐기하고 제대로 된 기후정의법을 제정해야 한다, 또한 식량 보건 에너지의 공공성을 강화하고, 대기업의 이윤만을 채워주는 지원 정책 대신 노동의 정의로운 전환을 요구하고 있다."

현재 대통령 후보 주자들 중 기후위기와 관련된 공약은 어떠한가?

"대선 예비 후보자들이 '기후위기'를 말하고는 있지만, 시민들이 체감하는 후보자들의 공약은 미비하다. 민주당 대선후보들의 경우, 국가 온실가스 감축 목표(NDC) 상향, 기후에너지부 신설, 재생에너지 확대, 탈석탄 시기 구체화 등 일부 공약은 진전했지만, 구체성과 시급성이 부족하다는 평가를 받고 있다."

기후 위기 해결을 위해 대안이 있다면?

"기후위기 시대, 우리에게는 담대한 전환이 필요하다. 대량생산과 대량소비 사회를 전환하고, 더 축적하기보다는 나눠쓰고 생태 한계선 내에서 모든 이들의 삶의 필수 요소를 충족시키는 '탈성장 시대'의 체제가 필요하다. 해외 여러 나라에서는 시민들이 참여하는 기후 시민의회가 꾸려져, 프랑스의 경우, 탄소 배출의 주요 원인 중 하나인 육류 소비 절감 정책이 제안되기도 하고, 헌법 제1조에 기후위기를 막기 위한 국가의 의무를 명시하는 '기후헌법 개헌'이 되기도 했다."

마지막으로 꼭 전하고 싶은 말이 있다면?

"지금껏 정치의 장에 초대받지 못했던 기후위기 당사자들이 직접 나서는 '풀뿌리 기후 시민의회' 등 다양한 방식으로 권력의 관성을 바꾸고, 기후위기를 함께 꼭 막아냈으면 좋겠다."

2

P4G가 말하지 않는
기후위기의 문제들

국제 환경 정상회의인 '2021 피포지(P4G) 서울 녹색미래 정상회의'가 열린 기간, P4G가 말하지 않는 기후위기의 문제들과 그 문제의 현장들을 찾아 문제를 드러내고 해결의 실마리를 찾는 서울녹색당 정당연설회를 기획했다. 석탄화력발전소를 건설하면서 탄소중립을 말하는 정부에 반발해 녹색당 기후정의위원회 이은호 위원장은 회의장 앞에서 단식 농성을 진행했다. 정당연설회 발언문 중 일부를 옮긴다.

포스코 앞에서 착취적인 해외자원개발과 군사정권과의 결탁을 규탄하는
서울녹색당 정당연설회를 진행 중인 필자와 당원 동료

안녕하세요. 지하철을 타러 향하시는 시민여러분, 저희는 서울녹색당입니다. 저희는 정당법 제 37조에 의거하여, 정당의 정책을 알리는 정당연설회 중입니다. 오늘 동대문디자인플라자에서는 국제기후회의인 P4G회의 개막식이 열리고, 그 앞에서는 녹색당 기후정의위원장이 절박한 마음으로 단식농성에 나서고 있습니다. 제대로 된 탄소감축 계획과 국내외 석탄화력발전소 즉각 중단 없이 기후위기를 막을 수 없기 때문입니다. 그리고 국제회의를 열어 에너지 산업에 투자하는 것보다 더 중요한 일이 있습니다. 바로 기후위

정당연설회 홍보물   P4G 국제회의가 개최된 동대문 DDP 앞에서 동료들과 함께 연설하는 필자. 서울녹색당이 참여하는 연대체 '너머서울'에서 기획한 '<을(乙), 불평등 서울을 바꾸자'…주거권과 기후행동의 날> 행사에 다녀온 참이다.

기로 인해 침해된 우리 일상의 건강과 돌봄을 함께 지키는 일입니다. 서울녹색당은 마을의료와 돌봄의 안전망을 만드는 정책을 이야기합니다. 돈이 없어도, 이동이 불편해도 아프면 누구나 치료를 받을 수 있도록 의료 공공성 확대를 이야기합니다. 아프면 시설에 고립되는 것이 아니라 동네에서 돌봄을 받을 수 있는 정책을 말합니다. 소수자, 사회적 약자들에게 공백 없는 촘촘한 건강 돌봄 시스템을 만들 정당, 누구나 평등하게 의료와 돌봄을 누릴 수 있도록 대안을 만드는 정당, 기후위기에 진정 대응할 정의로운 전환을 이룰 정당, 녹색당입니다. 감사합니다.

2021.5.24 은평구 불광역에서 열린
<P4G가 말하지 않는 기후위기의 문제들 - 의료공공성과 돌봄사각지대> 정당연설회 중

안녕하세요. 서울역을 이용하시는 시민여러분, 저희는 서울녹색당입니다. 저희는 정당법 제 37조에 의거하여, 정당의 정책을 알리는 정당연설회 중입니다.

다들 기후위기의 심각성에 대해서는 많이 들어보셨을 겁니다. 기후위기는 우리의 일상생활에도 파고들어 있습니다. 지난해 54일간의 역대 최장기간 기후장마 속에서 다들 불편이 많으셨을 겁니다. 이어진 폭염으로 온열질환자가 급증하기도 했습니다.

이러한 기후위기의 원인 중 하나는 공장식 축산과 육식을 권장하는 시스템입니다. 요 옆 롯데마트에

서울역에서 정당연설회를 진행하는 모습

서는 한우와 미국산 쇠고기 할인 행사를 진행하고 있더라고요. 물론 가정에는 반가운 소식일지 모릅니다. 하지만 지구와 동물의 입장에서는 그렇지 않습니다. 동물들이 사육되는 공장식 축사는 동물들에게 심각한 고통을 주고, 사료생산과 사육 과정에서 엄청난 탄소가 배출됩니다. 먼 나라에서 도축되어 유통되는 경우, 발생하는 탄소발자국에도 주목해야 합니다.

그렇기에 녹색당은, 오늘 일요일 주말, 채식하는 하루를 권해봅니다. 물론 하루로 그치지 않아도 좋습니다.

지금 P4G 기후 국제회의가 열리는 동대문디자인플라자에서는 한 청년이 곡기를 끊고 단식을 하고 있습니다. 기후에 심각한 피해를 끼치는 국내외 석탄화력발전소 10기를 중단시키기 위해서입니다.

녹색당은 시민여러분들께 지구를 위한 채식 실천과 함께, 기후위기 막고 우리 사회를 지속가능하게 하기 위해 신규 석탄화력발전소 중단을 함께 말해주시기를 제안드립니다. 녹색당도 열심히 뛰겠습니다. 함께 정의로운 녹색전환을 이루어주세요. 감사합니다.

2021. 5. 30 중구 서울역에서 열린

<P4G가 말하지 않는 기후위기의 문제들 - 공장식 축산과 동물권> 정당연설회 중

3

페미니스트 정치 윤리에 기반해 모두를 위한 기후정의 녹색전환의 물결을 일으킵시다

2021 여세연 여름캠프 [돌봄 민주주의x페미니즘] 발표문

여.세.연 여름캠프 홍보물

기후위기와 페미니즘 - 보편 속에서 차이, 재난 속 상시적 재난을 인식하며

기후위기 원인 진단과 해법 모색

기후위기, 남은 시간이 6년 반이라고 합니다. 그러나 이 시간은 누구에게나 동등한 것으로 다가오지 않습니다. 대도시의 주변부에 위치한 폐기물처리업체의 노동자들에게 - 폭염 속에서도 '혐오'를 피해 습기 찬 지하공간에 자리잡을 수밖에 없었던 -, 코로나 대감염 사태로 돌봄독박을 쓴 여성들, 에어컨이 없거나 냉방비 걱정으로 에어컨을 틀지 못해 온열질환에 시달리는 저소득층 시민들, 찜통 더위 속 축사의 동물들,

62

장마와 폭우를 맞닥뜨린 길동물들에게 기후위기는 결코 동등한 무게로 다가오지 않습니다.

기후위기로 인한 피해에는 젠더 격차 또한 선명합니다. 팬데믹 상황에서 '사회적 거리두기' 수단이 저임금 비정규직 직군 및 대면 서비스업 종사자가 많은 여성 고용에 큰 타격을 주었으며 돌봄의 필요성으로 인해 여성 취업이 중단되는 사례도 많았습니다. 청년여성들의 자살률 등 정신건강에도 큰 타격이 온 것을 알 수 있습니다.

페미니즘은 '차별 불평등 해소'라는 공통의 과제 속에서 내부의 차이를 발견하고 소수자들의 '있을 곳'을 마련하는 방향으로 진전을 이루어 왔습니다. 또한 흑인 여성주의에서 고안된 '상호교차성 이론'은 여러 정체성이 교차된 상태에서 살아가는 지금 우리의 문제를 사유하고 해법을 찾는 데 매우 중요합니다.

기후위기라는 위기감각을 우리가 인지하기 전에도, 일치감치 무수한 삶이 상시적인 재난 상태에 있었습니다. 활동지원 사각지대에 놓인 장애인, 내몰린 철거민, 임차상인, 미등록이주민, 트랜스젠더, 산업재해 현장 속 노동자… 우리는 기후위기를 맞아 기후위기의 근본 원인, 자본의 축적과 경쟁 속에서 누군가의 안온하거나 부유한 삶을 지탱해온 이 세계의 모순을 다시금 들여다 보아야 합니다. 계급 불평등과 교차하는 젠더 불평등 - 생산, 재생산 통제, 대상화, 상품화 …- 문제를 직시하는 것은 문제의 원인을 파악하는 것이자 문제의 해법으로 나아가는 과정입니다.

기후위기라는, 지금까지 인류가 축적해온 재난 속에서, 우리는 가장 취약하고 배제된 주변부의 삶에서부터 비인간 자연물을 포함한 우리 모두의 지속가능한 생존과 번영을 위해 정치철학과 윤리를 세워야 합니다. '탄소중립과 녹색성장'이라는 경제기술적 해법만으로 우리의 문제를 해결할 수 없습니다. 지금까지 풍요와 빈곤, 성장과 부패라는 두가지 양극으로 우리의 삶을 몰아온 정치 관행을 극복할 우리 정치공동체의 '철학과 윤리'의 재정립이 필요합니다. 페미니즘 정치는 그 중 핵심 요소입니다.

보편의 정치적 윤리로서 페미니즘 정착시키기

한국사회에서 차별과 폭력에 대한 저항운동으로서의 페미니즘 운동은 미투운동이라는 '불가역적인' 거대한 물결을 일으켰고, 일상과 디지털 공간, 사회 구조 곳곳에 도사린 성폭력을 공론화했습니다. 페미니즘 운동은 여성의 성적 권리와 재생산을 통제하고 불법화하는 낙태죄 폐지 운동을 벌여 헌재 판결을 이끌어내었습니다. 이것은 명확한 한국 사회 전체 인권의 진전입니다. 하지만 여전히 페미니즘의 정의와 가치관은 한국사회의 명백한 원칙과 윤리로 자리잡지 못했습니다.

2007년부터 입법시도한 차별금지법조차 아직 제정되지 못했을 정도로 여전히 공고한 보수적 인식과 혐오세력의 결집이 큰내한 원인이시만 서는 페미니즘 운동 내부적 이유를 한 번 짚어보고자 합니다. 차별과 폭력 문제에 대한 페미니즘 내부의 혼란스러운 입장 문제를 아프게 지적합니다. 트랜스젠더 학생의 여대 입학에 대한 반대운동, 트랜스젠더의 존재 자체에 대한 공격 등 페미니즘 운동이 모두를 위한 정의와 정치적 윤리를 사유할 수 없게하는 상황이 존재합니다.

이러한 혼란스러움을 넘어, 우리는 이 사회 보편의 기준을 상향시킬 수 있는 페미니즘 정치의 원칙과 행동강령들을 정리하고 정치적 윤리로서 정착시킬 필요가 있습니다. 그러기 위해서는 페미니즘 정치로서 차별과 폭력에 대항해온 이들이 이 사회에서 배제되지 않아야 하며, 다양성 보장과 다양한 존재에 대한 존중을 페미니즘 정치의 명확한 원칙으로 세워야 합니다.

또한, 드러내고 폭로하는 '미투운동' 이후, 성폭력 문제에 대응하는 공동체 내 절차와 문화가 아직 정착되지 못하고 있다는 점도 지적하고 싶습니다. 어쩌면 '공동체' 자체에 대한 신뢰나 상호의존 관계가 무너진 것일 수도 있을 것 같습니다. 폐허 또는 증오가 남은 곳에서, 다시금 공동체 문화와 약속을 만들어나갈 수 있는 끈질김이 필요합니다.

이를 위해, 더 많은 여성들의 주도적 참여를 이끌어낼 수 있는 공동체 제도와 교육 마련, 반성폭력 규약 및 사건대응 가이드라인과 대응기구의 구비, 다양한 경험의 아카이브를 통한 조직적 문제해결역량 강화 등의 작업이 필요합니다. 또한 여성/남성의 이분법적 구도를 넘어 퀴어 등 다양한 존재들이 고유한 삶을 보장받고 이해받을 수 있는 '평등문화'의 구축이 필요합니다.

페미니즘 운동을 통해 공동체/조직 내 여성의 참여와 권한을 확보한 조직에서부터 페미니즘 윤리와 원칙이 확고하게 자리잡을 수 있도록 하고, 확산시킬 수 있는 '모델'을 만들어, 정당이나 운동그룹 내의 시도나 성과가 풀뿌리 지역사회로 스며들 수 있도록 적극적으로 시민모임을 조직하고 교육하고 확장해나가야 할 것입니다. 이를 통해, 일상의 공간에서 보편의 정치적 윤리를 토론하고 정립해나갈 수 있습니다. 일상 생활과 '상위의 정치'가 분리되지 않도록 말입니다. 동북여성환경연대가 초록상상이라는 공간을 열고 십 수년 간 꾸준히 풀뿌리 여성, 주민들을 조직하고 교육해온 중랑구의 경우, 마을 내 '페미니즘'의 원칙이 깊숙히 자리잡고 일상적으로 관철되고 있음을 확인할 수 있습니다. 다양한 성평등 활동들이 추진되며 활동가들이 성장했고, 시의원이 부당하게 여성권익 신장과 관련한 예산을 삭감할 때, 지역 성문화센터가 사라지는 일을 막아야할 때, 지역주민 단체 채팅방에서 성차별적인 발언이 등장할 때, 지역 활동가들은 '가만히 있지 않고' 목소리를 내며 문제해결을 위한 행동에 나서고 참여를 조직합니다.

생태한계선 내에서 삶의 필수적인 요소를 보장하는
'도넛경제 모델'로 페미니즘적 도시 서울 청사진 그려보기

기후위기 속에서 살아가는 사람들은 '전환의 모델'을 필요로 합니다. 파리 '15분 도시'가 전환의 모델로 큰 각광을 받았습니다. 도심 내 주차장을 없애고 보행 위주의 도시환경을 조성하고, 15분 내에 쇼핑, 일, 재미, 학습, 스포츠, 돌봄 등 생활의 필수시설들을 구비한다는 개념입니다. 이로 인해, 이동으로 인한 탄소 배출을 제한하고 생활 환경을 개선할 수 있습니다. 교육과 문화시설, '예술플랫폼', 보다 밀접한 의료시스템은 이 '작은 도시'의 중요한 요소입니다. 도시의 삶에서 주민들이 '참여'할 수 있게끔 하는 것도 매우 중요합니다.

파리 15분 도시 모델과 서울시의 '마을공동체 지원사업'을 살펴보면, 서울시 각 자치구, 동, 마을단위의 지역경제, 일자리, 문화활동과 같은 근본적인 인프라와 네트워크가 구성되지 않은 점은 뾰족하게 지적되어야 합니다. 로컬푸드마켓, 도시농업, 사회적경제 조직의 기반도 빈약합니다. 도시모델의 전환 없이 관계망만을 공동체적으로 바꾸는 것은 한계가 명확합니다. 코로나 19에 폭증하는 전국구 택배 물류와 플랫폼 노동, 폐점하는 동네 자영업 상점들을 살펴보면 소비자로서의 '편리함' 이면에 생산자이자 노동자로서의 스스로의 존재에 위협을 가하는 구조를 볼 수 있습니다.

'전환도시'는 파리 뿐 아니라 유럽 여러 대도시에서 보편적으로 추진하고 있는 모델이기도 합니다. 동일 구간 내 철도노선이 있다면 비행기 운행을 금지시키거나 스웨덴의 경우 공항을 없애고 공공임대주택을 건설하기도 합니다.

케이트 레이워스의 '도넛 경제학 모델'도 큰 주목을 받았으며, 이 모델은 네덜란드 암스테르담에 실제로 적용이 되기도 했습니다. 레이워스 교수는 지난해 서울혁신주간에 참여해 서울을 이 도넛 모델에 적용하여 발표하기도 했습니다. 그는 '생존과 존엄을 위한 필수 요소는 부족하고, 생태적 한계는 한참 넘어선 상태'라고 진단했습니다. 이 도넛 모델의 안쪽 고리는 식량, 깨끗한 물, 주택, 에너지, 교육, 건강, 성평등, 소득, 정치참여 등 사람들이 누려야 할 삶의 질을 보장하는 12개의 '사회적 기반' 항목으로 구성되어 있고, 바깥 고리는 기후, 토양, 바다, 오존층, 생물 다양성 등을 훼손하지 않기 위해 인간이 지켜야할 9가지 '생태적 한계' 항목으로 이루어져 있습니다.

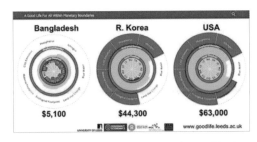

기본 욕구 충족과 환경 한계 존중 측면에서 각국현황을 분석하는 자료.
대한민국의 경우 생태적 한계를 한참 넘어서거나 삶의 필수요소가
부족한 '붉은 부분'이 눈에 띈다.

이 모델을 놓고 보면 - 좀 더 세부 영역이 기술되고 분석되어야겠지만 - , 어떤 이들이 사회적으로 소외되고 있는지, 삶의 필수요소를 보장받아야 하는지, 어떤 영역에 제한을 가해야 하는지 명확해집니다.

탄소배출을 줄이기 위해 '수소차'를 도입하는 것에 앞서, 기존 차량의 폐기로 인한 폐기물 문제도 고려하여야 하고, 생산과 노동의 '정의로운 전환'의 해법이 우선 제시되어야 합니다. 그리고 장애인 이동권과 자전거 도로 확보 등 차를 소유하지 않은 사람 등 누구에게나 더 나은 교통을 보장할 수 있는 방법 또한 필수요소 충족을 위해 마련되어야 합니다.

코로나 락다운 사태에도 시민들이 문화예술을 향유할 기회를 잃지 않도록, 문화예술인들의 생계와 노동권이 침해당하지 않도록 주의를 기울이는 유럽 도시들의 사례가 있는 한편, 한국, 도시 서울은 일방적

인 방역제한 조치들만 밀어부치고 있는 상황입니다. 무수한 작은 공연장이 문을 닫았습니다. 최근의 코로나 확산 사태의 가장 증명되고 유력한 원인은 강남 무역센터 신세계 백화점 식품코너와 같은 대규모 밀집 시설이었지만, 주류 정치권은 민주노총 집회를 질타하기 바빴습니다. 방역지침과 사회적 거리두기로 인한, 사회적 약자들의 저항권, 집회 및 결사의 자유가 지속적으로 침해되고 있는데도 이에 대한 대안이 마련되기는커녕 압력만 강화하고 있는 겁니다.

우리의 도시 모델은 이러한 '삶의 기본권리'와 '필수요소'들을 기본에 놓고, 최대한 보장할 수 있도록 살펴야 합니다. 프랑스 파리의 경우, 코로나로 인한 도시 락다운 사태에서도 식료품 구매와 함께 '반려동물과의 산책'은 필수적으로 보장되는 생활의 요소였습니다. 기후위기 시대, 취약한 환경에 놓인 작은 목소리들을 놓치지 않고 듣는 것, 변두리의 존재들의 정치적 권리를 반영하는 정치 시스템, 도시 모델을 구축하는 것은 절박한 과제입니다.

1981년부터 1986년까지 존재했던 광역런던의회(GLC)의 사례를 보면, 도시공간 내 '공공 돌봄 공간'을 마련하기 위해 급진적인 정책을 펼쳤던 것을 확인할 수 있습니다. GLC는 민주적인 문화생활을 확대하기 위해 전통적으로 소외되었던 사람들(여성, 유색인종, 동성애자, 장애인)을 우선시하였으며, 도심 내 가장 비싼 문화공간의 '홀'을 시민들에게 개방[3]했습니다. 우리의 도시 모델에서 도시 공간을 개방하고 공유화하는 것은 매우 중요할 것입니다. '크고 중심적'인 공간 뿐 아니라, 빈 학교, 도서관, 주민센터 등 작은 동네의 공간을 주민들이 어떻게 주도적으로 활용할 것인가는 우리의 권리와 직결됩니다.

또한, 기후위기 대응 과정에서의 중요한 점인 '정의로운 전환'의 핵심은 불평등 해소입니다. 그간 차별 불평등을 당연시하고 확산해왔던 구조에 주목하며 변화를 만들어가는 것입니다. 기후위기 대응과 정의로운 전환을 위한 미국과 유럽의 '그린뉴딜' 정책에 대해서는 여성, 소수자들의 관점에서 '모두를 위한 전환'을 만들어가기를 요청하는 '페미니스트 그린뉴딜'이 천명된 바 있습니다.

파리시의 '15분 모델' '전환'을 만들어갈 공무 노동자들의 경우, 성불평등을 바로잡는 것이 포함되지 않을 수 없었습니다. 그렇기에 2018년 파리시가 고위직 공무원 중 69%를 여성으로 임명해, '고위직 여성이 많다'고 벌금을 물게 되었을 때, 이달고 시장은 '기쁘다'고 하면서도, 여전한 불평등에 대해 힘주어 말했습니다[4] 서울시의 경우, 5급 이상 공무원 중 여성의 비율은 25%에 불과합니다.

전환의 과정에서, 산업사회 남성 임금노동의 전환만이 전환의 주요한 내용으로 논의되어서는 안 되며, 여성을 포함한 다양한 영역에서 노동하고 활동하는 이들의 참여를 통해 전환의 과정을 구성해야 합니다.

인정과 상호돌봄으로 '민주화세대 이후의 민주주의' 새로 쓰기

우리 국가, 사회의 목표로서 '산업발전'과 '경제성장'을 최우선시해서는 기후위기 대응이 불가능할

---

3 <<돌봄 선언The Care Manifesto>> (verso, 2020)
4 https://www.hani.co.kr/arti/society/women/974475.html "파리시 고위직 여성 많다" 벌금 무는 파리시장 "기뻐"

뿐더러, 정의로운 전환에 필수적인 요소들을 논의할 수도 없습니다. 우리는 보다 많은, 삶에 천착한 논의들이 필요합니다. 지금까지의 국가와 사회관은 '성장', 그리고 '경쟁'이었습니다. 사회정의와 공정성은 사회적 신뢰를 위한 필수 요소이지만, 이것이 '공정한 경쟁'만을 말하고, '모두에게 공정하게 보장되는 삶'을 의미하지 않을 때, 역차별과 특권 논쟁 너머 더 나은 사회를 위한 논의로 이어질 리 없습니다.

기후위기와 코로나 팬데믹의 시대, 사회적 구성원들 서로의 고통과 어려움을 직면하며 보듬어줄 수 있는 '돌봄 체계'가 무엇보다 절실합니다. 누구나 의료보건 서비스를 누릴 수 있도록 체계를 정비해나가는 한편, 병원 문턱을 넘어서면 건강 돌봄이 멈추지 않도록 지역사회 돌봄 체계 구축이 필요합니다. 대형병원 중심의 의료쏠림, 의료진의 전문성에 의존할 수밖에 없는 상황을 극복하고, 지역 주민들이 스스로 주체적으로, 그리고 지역 공동체의 다양한 조직을 통해 서로를 케어할 수 있는 돌봄 관계망을 형성해야 합니다. 사회복지사, 마을활동가 등 관계망 구축을 실행하는 활동가들의 역할도 중요합니다.

'커뮤니티 케어' 추진과정에서 지역사회 돌봄이 (이미 그러고 있듯) 지역사회 여성들의 무급 자원활동을 끌어다쓰는 데 그치지 않도록, 돌봄에서의 성별 이분법 타파, 남성 돌봄러 교육 및 양성, 지역 내 공공일자리 마련 등 관련 정책들을 펴 나가야 합니다. 지금까지 '비가시화'되었던 가사와 돌봄 노동, 사적으로 치부되던 여성들의 활동들이 사회적 인정을 받고, 저임금 불안정 노동 영역으로 한정되었던 구조를 깨뜨려나가야 합니다.

막막해할 필요는 없습니다. 우리는 생태환경, 돌봄과 먹거리 윤리에 대해 일상적으로 고민해온 풀뿌리 여성운동 속에서 혁명의 씨앗을 봅니다. 쓰레기 없는 축제, 플라스틱 일회용품 안 쓰기, 텀블러 쓰기 운동을 실천하며 식탁에 오르는 먹거리가 어떻게 생산되어 어디에서 오는지 주의를 기울이며 자기자신, 곁의 이들의 건강과 생태환경을 염려하며 실천해온 이들의 관점에서 우리의 '산업/ 소비사회'를 다시 진단해볼 수 있습니다. 그리고 우리는 공장식 축산 속에서 파괴되는 생명들에 대한 공감과 시스템에 대한 분노, 변화에 대한 의지를 일상 속에서 공유하고 확산할 수 있습니다. 우리의 삶엔 진정 무엇이 필요한 것일까요? 어떤 삶에서 나, 그리고 다른 이들은 행복을 느끼나요? 우리에게 필요한 공통의 약속, 정치적 윤리는 무엇인가요?

기후위기, 코로나 팬데믹 시대, 이동을 줄이고 지역사회 내 삶의 필수요소를 보장받고, 소비생활을 넘어선 지역 커뮤니티 활동과 문화생활, 생계를 보장받을 수 있는 '작은 도시' 모델과 함께 우리는 다양한 가능성과 상호 존중의 정치윤리를 정립해나갈 수 있을 것입니다. 도시의 문제를 해결하기 위해서 숙의형 참여기구를 조직하고 성평등 원칙이 관철되는 것은 중요합니다. 이것은 마을공동체 형성, 길동물 보살핌, 먹거리, 도시텃밭 조성, 돌봄사각지대 발굴 및 상호연대, 성폭력 문제 대응 등 다양하게 고민하고 실천해온 지역사회 풀뿌리 페미니스트 여성들의 삶, 참여와 함께 가능합니다. 87년 대통령 직선제를 쟁취했던 민주화 세대가 이루지 못한 삶의 민주주의를 이루는 과정, 발딛고 삶을 사는 지역에서부터 우리가 전환의 주체로 나서는 과정, 지금 이 전환의 이름은 '민주주의'입니다.

4

국제회의장의
초대받지 못한 손님

2021.10.6 페이스북 게재글

오늘 오전, 삼성역 코엑스 파르나스 호텔에서 개최된 '2021 수소환원제철 국제포럼'에 녹색당 소속의 기후정의 활동가들이 연단에 올라 발언했습니다. 축사를 하기 위해 참석한 문승욱 산업자원통상부 장관에게 전할 말이 있었기 때문입니다. 산업계의 입장을 국가 기후위기 대응의 중심에 놓는다면 기후위기 대응에 실패할 수밖에 없다는 간절한 메시지를 외쳤습니다.

이 자리에 정식으로 초대받지 못했기에, 미처 완료하지 못한 두 활동가의 발언문입니다. 발언문은 영문으로 번역해 회장에 있는 국내외 참가자들에게 배부하였습니다. 혹자는 '이건 아니라'고, 왜 이런 방식으로 하느냐고 힐난할지 모릅니다. 그러나 산업계의 목소리가 국가의 목소리가 되고, 결국 모두의 생존을 위한 대

코엑스 행사장 연단에 올라선 두 활동가의 모습

책이 세워지지 않는 것을 우리는 지켜만 볼 수 없습니다. 국제적 이목이 집중되는 이 자리에, 산업계와 정부에 전하는 청년, 시민들의 목소리가 반드시 반영되어야 했기에 우리는 초대받지 못한 채 연단에 올랐습니다. 그리고 연설한 한 활동가와 발언문 전단을 배부한 한 활동가는 경찰에 연행되었습니다. 부디 이 목소리에 귀 기울여주세요. 무엇이 이 국가에 진정 필요한 일인지 함께 고민해주세요.

녹색당 기후정의위원회 위원장 이은호 발언문

산업부장관님, 내빈 여러분. 실례합니다. 2분만 말하고 저희 내려가겠습니다. 탄소중립 위해서 수소환원제철, 필요합니다. 하지만 산업계가 할 수 있는 일, 기술개발 외에도 많습니다. 산업부는 산업계 우는 소리만 듣지 말고, 설득하고 지원해주십시오. 산업계가 에너지 효율 높이고 재생에너지로 연료 전환할 수 있도록 규제도 만들고, 잘하면 인센티브도 주고, 사업장별 감축목표관리 감독 책임 다하십시오. 배출권거래제 무상할당비율 줄이고, 2030 NDC 높여서 시장에 확실한 시그널 주십시오. 녹색당이 주장하는 2030 NDC는 60%입니다. 당장 어렵다면 국제기준인 50%라도 달성해야 합니다. 기후위기는 환경 문제 아닙니다. 민생 문제이고 국난 극복 문제입니다. 산업부와 산업계는 더 적극적이고 디테일하게 힘써주길 바랍니다.

서울녹색당 공동운영위원장 상현 발언문

안녕하십니까. 저희는 기후위기를 우려하는 한국 시민들입니다. 꼭 전해드리고 싶은 말이' 있어 이 자리에 섰습니다. 2030 NDC 상향은 미래에 올 더 큰 파국과 비용을 막기 위한 응급조치입니다. 지금 산업계는 탄소배출 더 못 줄이겠다고 정부에 엄포를 놓는 대신, 최신 기술 자랑하는 대신, 지금까지 기후위기를 가속화온 것에 대해 책임부터 져야 합니다. 포스코는 코리아 ESG 최상위 등급을 받았지만 산업재해 인명피해, 미얀마 군부 결탁, 탄소다배출 산업으로 대표적 악당기업으로 꼽힙니다. 산업계의 주장이 국가계획의 중심에 놓인다면 기후위기 막을 수 없습니다. 돈의 논리는 경제성장을 말하지만 시민들의 요구는 생존입니다. 산자부의 역할은 기후위기와 사회적 불평등을 강화하는 산업계의 관행을 바로잡는 것이어야 할 것입니다. NDC를 유엔에 제출할 날짜가 얼마 남지 않았습니다. 산자부 장관께서는 진정 국가를 위한 것이 무엇인지 깊이 살펴 조치를 취해주시기 바랍니다.

Chatper 5.
그래서, 녹색정치

▼

다른 세계관은 다른 정치를 요구한다. 미래의 삶은 낡은 정치로
일구어낼 수 없다. 회색빛깔 경제성장의 정치를 녹색정치의
파도로 밀어내며, 다가올 희망의 시간을 맞이하려는 선택.

1

글로컬 활동가,
녹색정치 활동가로

상현의 글로컬 녹색정치 이야기 (10.5 페이스북 글)

홍콩민주화운동에 연대하기 위해 홍대
입구역 9번 출구에서 열린 집회에 참여한
필자. ⓒ경향신문

글로컬 녹색정치 이야기 / 상현의 초록 스케치 - 첫번째 말뭉치 #001

안녕하세요, 녹색정치 활동가 상현입니다. 서울 풀뿌리 지역사회에서 마을활동 일을 하면서, 기후정의,
국제연대 운동을 이어가는 글로컬 활동가입니다. '동네에서 지구까지'라는 말을 들으면 되게 거창하게
느껴지지만 기후정의 운동이 전세계적인 과제가 된 요즘, 왠지 시대의 트렌드를 탄 느낌이 들기도 합니다.

제가 녹색당이라는 정당에 가입한 계기는 밀양 송전탑 반대운동, 삼척 원자력발전소 반대운동을

71

포스코의 미얀마 군부 합작을 규탄하는 녹색당 기자회견을
기획하였다. ⓒ오마이뉴스

서울녹색당과 세계시민선언, 청년기후긴급행동이 공동기획한 포스코의
미얀마 군부기업 관계청산을 요구하는 시위 ⓒ연합뉴스

거치면서입니다. 우리가 도시의 삶을 유지하기 위해 소비하는 에너지가 어떻게 생산되는지, 생산을 위해
무엇을 파괴하는지 보면서 '녹색정치'의 필요성을 절감했더랍니다.

　　저는 학생시절, 유독 농활(농민학생연대활동)에 즐겨 참여했는데, 땅에서 직접 파종하고 수확하는
보람에도 끌렸지만 가장 흥미로웠던 것은 역시 직접 듣는 농민들의 삶 이야기였습니다. 농민이 애써 기른
배추가 조금 안쪽이 웃자라 상품가치가 없다는 이유로 - 배송트럭 기름값도 안 된다며 - 자란 자리에서 칼로
짓이겨 그대로 비료로 만드는 충격적인 광경을 목도하면서 농촌의 현실을 느꼈습니다. 햇볕에 까맣게 얼굴과
손이 익을 때까지 성실하게 일해도 기본적으로 부채를 지는 삶을 마주하였고, 부당한 현실을 바꾸고자
행동하는 농민운동에서 깊은 인상을 받았습니다. 주변 동료들과 이 사회를 어떻게 바꾸어야할지 공부하고
실천하면서 한걸음 한걸음 활동가로서의 삶에 다가가게 되었습니다.

　　도시에서의 삶은 '돈'이 없으면 살아낼 수 없습니다. 돈으로 환산되고 거래되어선 안될 것들이
상품으로 만들어져 팔리는 사회 속에서 죽고 다치는 사람들을 보며 참담하고 슬플 때가 많습니다. 노동과
농업의 정의로운 전환을 말하는 요즈음, 저와 제 주변 이들의 노동에 대해 생각합니다. 가장 먼저, 자동차
정비공으로 일했던 아빠의 상처투성이 기름때 찌든 검은 손이 생각납니다. 수많은 이들이 성실하게 쉼없이

2021 서울국제민주포럼에 참석해 한국시민사회의
미얀마 시민항쟁 연대활동에 대해 발표하는 필자

2020년 12월 29일 여의도 국회 앞에서 열린 제대로 된 중대재해기업
처벌법 제정 촉구 릴레이 2400배에 참여하는 필자 ⓒ노동과세계

일해도 먹고 사는 것이 빠듯한 생활을 하고, 생계의 무거움은 가족의 각박한 삶으로 이어집니다. 소득에 비해 너무 높은 주거비, 세들어 사는 설움에 내 집 마련의 꿈을 꾸며 대출이자를 갚는 생활.. 이러한 생활의 모양들을 전환할 수 없다면 행복한 세상은 올 수 없을 것 같습니다.

하지만 절망하긴 이르겠지요. 우리는 살기를 요구받는 삶이 아니라, 살고 싶은 삶을 만들어갈 수 있는 권리와 힘이 있으니까요. 덜 일하고, 일자리를 나누고, 여가시간을 충분히 가지는 삶, '건물주'가 장래희망이 되지 않는, 다양한 사회적 노동으로 사회적 가치를 구성원들이 함께 창출하는 삶을 꿈꾸어 봅니다.

요즘은 멋진 동료들을 만나 우리가 변화를 이루어낼 수 있다는 희망을 가득 채우고 있는데요. 함께 고민하고, 대안을 만들며 행동으로 실천하는 삶 속에서 변화는 이미 시작되고 있다고 생각합니다. 우리가 살고 싶은 삶을 녹색정치로 실현해가는 이 활동을 저는 사랑하고, 더 많은 동료들을 만나고 싶습니다.

중랑구 면목역 동원시장 입구에서 <모두를 위한 공공의료 333>   서울시청 앞에서 오세훈 서울시장의 광화문 세월호 기억공간 철거 조치
1인 시위를 진행하는 필자(2021)   철회를 요청하는 필자와 녹색당 동료들(2021)

더 너르게, 깊게 동료시민들을 만나고픈 마음에 녹색정치 활동가로서의 저의 활동을 알리고 소통하는 페이스북 페이지를 개설하였습니다. 기후정의 녹색전환에 관심 있는 시민 여러분들과 많은 이야기를 만들어갈 수 있기를 희망합니다.

또 어떤 동료를 만나 무엇을 할 수 있을까 설레는 요즘입니다. 열심히 움직이면서 이야깃거리 갖고 오겠습니다. 또 만나요!

#상현의_초록스케치 #녹색정치 #기후정의 #연대 #정의로운전환
상현 페이스북 : http://www.facebook.com/leesanghyun.seoul

73

2

성차별 축제를
뒤집은 퍼레이드
'아가씨' 아닌 같은 시민

2019년 5월 중랑녹색당은 중랑구민들과 함께 서울장미축제가 '장미아가씨'를 주요 캐릭터로 내세운 것에 반대하며 '그린로즈팀'을 결성해 퍼레이드에 나섰다. 아래는 상현이 중랑녹색당에서 동료들과 함께 쓴 논평이다.

시대역행, 환경폐해의 주범이 아닌 모두를 위한 서울장미축제를 요구한다!
중랑구 주최 서울장미축제가 '서울에서 가장 예쁜 축제'라는 슬로건을 걸고 중랑천 일대에서 5월 24일부터 26일까지 열린다. 올해에는 리틀로즈 페스티벌이란 이름으로 본 행사기간 전후 일주일간 연장 운영하니 사실상 장미축제는 17일간 계속된다. 중랑구는 물론 노원구, 동대문구 등 인근 자치구 주민들, 그리고 서울시 전역에서 방문객이 몰리는 대규모 행사이다. 중랑구는 2018년 서울장미축제의 성과로 230만 명이 넘는 방문객, 25억 원의 참여부스 판매액, 235억 원의 직접경제효과, 지역 브랜드 가치 제고, 주민자긍심 고취 등을 내세웠고, 언론을 통해서도 이 점이 부각되었다. 그러나 과연 그것이 이 축제에서 주목해야 할 전부일까?

장미 아가씨, 아내의 날 등 시대 역행하는 여성 대상화 코드를 이제는 전환해야
지난 2015년에 서울장미축제의 마스코트가 '장미 아가씨'로 정해져, 현재까지 각종 홍보물에 쓰이고 있다. 각 지역의 '○○아가씨 선발대회'가 90년대 말부터 성 상품화와 외모지상주의 논란으로 폐지되어 온 흐름에 정확하게 역행하는 상황이다. 작년 9월에 열린 서울장미축제 자문회의에서도 이 점이 지적된 바 있다. '여심을 잡는 장미 뷰티존을 마련하고, 화장품 회사 협찬을 필수적으로 받겠다'는 장미축제 감독(15~19

년 축제감독)의 운영 계획은, 당시 성평등 관점에 어긋난다는 비판을 받았다. 비판을 반영·개선하지 않고 올해 축제에도 동일한 컨셉으로 이어가고 있는 상황은 문제다.

장미축제, "주인공은 너야 너"라는 말 속에 숨은 함정

장미축제는 본 행사 3일 중 하루를 '아내의 날'로 정하고 있다. 이 기획에서, '아내'는 축제의 주인공이 되는 것 같지만, 사실상 아내가 처한 불평등한 현실에는 전혀 관심이 없고 다만 겉모습을 치장하는 행사로만 채워져있다. 더 나아가 '아내'라는 말 자체가, 어원적으로도 그렇고, 가정내에서 남편을 내조하는 것으로 여성의 성역할을 규정짓는 사회적 통념을 드러내고 있는데, 왜 여성은 누군가의 '아내'로서만 주인공 대접을 받을 수 있는 것일까? 여성자신 그대로 주인공일 수는 없는가? 또한 가족 내에 속하지

서울장미축제 <그린로즈 퍼레이드>를 기획한 필자와
중랑녹색당 동료들 (2019)

그린로즈 퍼레이드를 펼치는 모습 ⓒ서울장미축제

않거나, 비혼이거나, 그 외 다양한 형태로 가구를 꾸리고 있는 여성들은 왜 이 축제의 주인공이 될 수 없는가?과거 역사에서 장미는 '인권회복'의 의미로도 많이 사용되어 왔는데, 오직 외형적 아름다움만 부각하여 여성을 대상화하는 축제보다 장미의 인문학적 의미를 되새겨 성별과 관계없이 모두의 인권과 인간됨을 회복하는 축제의 장이

되게 할수는 없는걸까? '연인의 날'도 마찬가지다. 누군가의 연인이 아닌 사람도 엄연히 이 축제의 주인공이 될 수 있어야 한다.

생명인 장미의 생육환경을 존중하는 장미 축제를 만들자

지금까지의 축제에 대한 결과보고와 향후 발전계획들을 살펴보면, 장미라는 식물이 건강하게 자라날 수 있는 여건을 마련하기보다는, 야간조명과 인공적인 구조물 설치 등에 대한 예산과 구성에 집중하고 있음을 알 수 있다. 서울장미축제가 규모뿐만 아니라 가치와 정당성 측면에서 인정받기 위해서는 제대로 된 생태 환경 조성이 급선무다. 지난 축제 자문회의에서 제안되었듯, 화훼단지에 장미재배 환경을 조성하는 등, 장미의 생태계적 선순환적 흐름을 기본전제로 하여 축제 후에도 장미에게 적합한 환경을 유지하는 등 지속가능한 친환경 축제로서 거듭나게 하자. 축제 기간 동안 어마어마하게 버려지는 일회성 소모품과 플라스틱 폐기물 문제 또한 우리 지역의 생태 환경이 지속 가능하기 위해서는 시급히 대책이 마련되어야 한다.

우리 모두는 축제의 주인공이다

'아름다운 축제'는 축제의 외형만을 아름답게 꾸며낸다고 만들어지는 것이 아니다. 사람의 아름다움을 고정관념에 근거한 외적 기준만으로 판단할 수 없는 것과 마찬가지다. 정말 여성이 즐거운 축제를 만들고 싶다면, 여성의 외모나 삶의 기준에 쓸데없이 참견하지 말고, 존재 자체를 조명하고 삶에 힘이되는 축제, 다양한 형태의 관계와 공동체를 존중하는 장미축제를 만들어 나가자. 그리고 장미가 사람의 볼거리 수단으로서 존재하는 것이 아니라 사람과 함께 중랑천변에 자리잡고 살 수 있도록 고민하는 생태적인 장미축제를 만들어 나가자.

2019년 5월 20일
중랑녹색당

중랑녹색당이 발행한 해당 논평과 서울장미축제의 '장미 퍼레이드'는 한겨레신문 기사 <세금까지 써가며 언제까지 '아가씨 타령' 할 건가>에 소개되었다. 당시 중랑녹색당 공동운영위원장이었던 필자는 다음과 같이 인터뷰했다. "축제가 구민들에게 미인이 되라고 부추길 게 아니라 시민 누구나 축제의 주인공이 되어서 함께 즐기자고 해야 한다"며 "초록색 장미를 들고 행진하자 시민들이 박수치고 촬영하며 응원해줬다. 다함께 참여하는 축제를 만드는 것도 결국 시민의 힘이다" https://www.hani.co.kr/arti/society/women/902616.html

3

그럼에도 불구하고
마을에서 희망을 찾다

기후위기 시대를 함께 바꾸는 지역 커뮤니티 활동과 정책
(2021. 9. 4 서울녹색당 정책마당 발제문 일부 수정)

들어가며

코로나19가 강타한 지역사회는 비록 '사회적 거리두기'로 인해서 대면 만남이 위축되기도 했지만, 근거리 마을 단위에서 일상적인 만남과 관계망을 이어가기 위해서 꾸준한 노력이 일어나는 곳이다. 이런 노력의 한 켠에는 '마을활동가'들의 노동이 자리잡고 있다. 각 지역 단체들과 마을 모임들은 코로나19 상황에서도 소규모 대면 행사와 '드라이브 스루', '온라인 북토크', '돌봄독박 여성을 위한 예능방송' 등 비대면 행사를 통해 주민들간의 접점을 꾸준히 유지하고자 하였으며, 마을공동체 공간에서는 돌봄 사각지대에 놓인 아이들을 돌보는 프로그램을 진행했다. 중간지원조직인 마을지원센터 또한 꽃나눔 행사 등 다양한 공동체 프로그램으로 코로나로 우울하거나 힘든 주민들을 위로하고 공동체적으로 치유하려는 노력을 이어나갔다.

한편 코로나 이전부터 지역사회 관계망이 긴밀하지 못했던 마을의 구성원들은 관계가 더욱 느슨해졌다. 예컨대, 대면만남을 통해 정신장애인들의 지역사회 적응과 참여를 돕고자 했던 지역정신건강센터의 정신장애인 지원활동 등은 비대면 활동으로 전환하면서 여러 곤란을 겪게 되었다.

마을 속에서 보이지 않는 '노동'을 하는 사람들도 있다. 혐오를 피해 지하에 자리잡은 도시 외곽의 폐기물 처리업체에서 노동하는 노동자들이 있고, 우리가 집에서 소비자로서 간편하게 배달을 받아볼 때, 그를 위해 노동하는 플랫폼 노동자들이 있다. 또한 위기는 성차별을 심화시킨다.[5] 재난 속에서 마을 속에서도 사람들은 단일한 위치를 갖고 있지 않으며, 불평등은 공동체 활동만으로 완화할 수 있는 문제가 아니다. 마을활동가 중에도 경제적 형편에 따라 무급활동(봉사)이 가능한 활동가와 직업으로서 수행해야 하는 활동가로 입장이 나뉘기도 한다.

---

5 유엔 여성기구의 마리아 홀츠버그의 발언 (<코로나시대의 페미니즘> 중 인용)

기후위기와 코로나의 시대, 더욱 가시화되거나 심화되는 불평등을 직시하며 우리는 어떻게 '함께 잘 사는 마을'을 일굴 수 있을까. 이 글에서는 주민들의 삶의 터를 다지는 마을공동체 정책을 살펴보는 한편, 우리의 관계를 불편하게 하고, 서로 나누지 못하게 막아서는 조건들을 개선하며 우리가 어떻게 함께 재미나게 살 수 있을지, 그 공간으로서 마을은 어떻게 구성될 수 있을지 짚어보고, '모두의 마을'을 만들기 위한 몇 가지 제안을 하고자 한다.

혼자 잘 살아도 충분한 재미를 누리는 사람도 있을지는 모른다. 하지만 우리 대다수는 그렇지 않을 것이다.

1. 마을공동체와 지역사회의 형성, 생활권

2020년 파리 시장 재선에 성공한 안 이달고 시장의 '내일의 도시 파리' 정책공약 속 '15분 도시 파리'가 기후위기 시대의 대안 도시모델로 주목받았다. 15분 도시는 근거리 서비스에 기반한 도시로, 도시를 15분 생활권으로 조직하기 위해 도보로 15분 이내에 서점, 식료품 상점, 학교, 문화시설, 의료시설, 공공서비스, 모든 길에 100% 자전거 통행이 가능하며 장애인의 이동이 자유로운 도시로 전환하고, 어디에 살든지 200m 이내에서 녹색공간을 이용할 수 있도록 하는 구상이다. 키오스크 형태의 '시민의 창구'에는 시청 직원이 상주하며 생활에 필요한 상담을 하고, 텃밭가꾸기 등 여러 교육을 실시한다. 친환경 로컬푸드 이용과 쓰레기 없애기 정책, '연대의 도시'라는 슬로건 하에 다양한 소득계층을 위해 차별화된 주택 공급을 하고(사회주택 비율을 22%에서 25%로 올려 주거권을 보장하는 정책 등) 임대료를 제한하는 정책도 포함된다.

출처: Paris en Commun. La ville du 1/4 d'heure, qu'est-ce que c'est?
https://annehidalgo2020.com/la-ville-du-1/4-dheure-quest-ce-que-cest/ (2021년 1월 6일 검색).

도시 서울은 어떨까? 아직도 도시 서울에서 '마을'이라고 하면 무언가 어색함이 느껴지지만, 서울에도 일찍이 'ㅇㅇ분 생활권' 개념이 적용되고 있었다. 서울의 '마을공동체'는 정책용어로서, 활동가와 주민의 용어로 일상적으로 쓰이고 있다. 서울에서 '마을'은 어떻게 등장하였으며, 어떤 개념으로 쓰이고 있는 것일까?

「서울시 마을공동체 만들기 지원 등에 대한 조례」 를 보면 마을공동체를 다음과 같이 정의한다.

또한 서울시의 마을공동체 교육자료 등을 참고하면 마을공동체를 걸어서 '10분'안에 갈 수 있는 생활권 개념으로 보고 있다. 서울에서도 근거리 커뮤니티 활성화 정책이 도입되어 시행되어 왔다.

> 주민 개인의 자유와 권리가 존중되며 상호대등한 관계 속에서 마을에 관한 일을 주민이 결정하고 추진하는 주민자치 공동체
>   「서울시 마을공통체 만들기 지원 등에 대한 조례」 제 2조(정의)

서울의 도시계획에서 마을이란 '10분 생활권'으로 정의된다. 도시계획 속에서 '10분 생활권'이 등장할 때 도시재생, 재건축 등으로 생활밀착형 편의시설을 건설하는 것을 포함하며, '저성장을 극복'하기 위한 사회적 정책으로서 제시되기도 한다.[6] 탈성장의 필요성이 강력하게 대두되는 기후위기 시대, 도시개발과 연결되는 마을공동체 정책을 새롭게 짚어보아야하는 까닭이기도 하다.

또한, 서울시는 다음과 같이 생활권역을 구분하고, 지역특성별로 도시재생사업 등을 추진하고 있다. 동대문구 홍릉일대는 글로벌바이오 산업혁신, 서울역 일대는 관광지 조성, 중구 창신동은 봉제산업 활성화 등 산업 및 주거를 '재생'하려는 사업이 진행되고 있다. [7] 도시재생사업으로 인한 젠트리피케이션, 투기 문제 등도 지적된다. 이에 대해 서울녹색당은 꾸준히 비판하고 대응해온 바 있다.

'10분 생활권'을 목표로 조성되는 '서울형 자율주택정비사업'

---

6 https://www.seoul.co.kr/news/newsView.php?id=20190128029007 [자치광장] 주민 요구 반영한 '10분 생활권' 도시로/이정훈 서울 강동구청장
7 서울시 동북권 권역생활권계획(안) (2017)

2. 마을과 정책

서울시 마을공동체 정책은 2012년 본격적으로 시작해 10년차가 되었다. 이 챕터는 서울시 마을공동체 종합지원센터에서 발간한 '서울 마을공동체 정책 돌아보기' 자료를 통해 마을정책의 흐름과 효과를 짚어보고자 한다.

자료 서두에서는 정책의 효과로 1. 수혜자의 위치에 있던 '주민'을 사회정책이라는 무대의 진정한 '주인공'으로 초대한 것, 2. 주민이 마을공동체 활동을 통해 사회 참여를 경험토록 했다는 것, 3. 이러한 과정을 통해 궁극에 지역의 문제를 스스로 다스리는 주민자치를 꿈꾸게 했다는 것을 짚고 있다.[8]

서울시 마을공동체 기본계획(2012)에서 진단하는 도시 서울의 근본적 문제점은 다음과 같다.

"근대화를 경험한 국내외 대부분의 도시들은 급격한 도시개발과 산업화로 전통적 공동체가 해체되고 갈등과 소외가 나타나는 등 다양한 사회적 문제를 겪고 있다. 지난 50년간 압축 성장을 이어온 서울도 유사한 문제 상황에 놓여 있다."

자료는, 1987년 이후 지역으로 기반을 옮긴 풀뿌리 시민사회단체 활동 혹은 도시빈민운동에서의 공동육아, 생활협동조합 등 생활의제 활동, 또는 성미산 마을, 삼각산 마을 등의 브랜드를 가진 마을공동체 활동을 서울시 마을공동체 정책의 중요한 근원으로 해석한다.

초기 마을공동체 정책의 방향성은 다음과 같다. [9]

〈1기의 비전과 전략의 방향성〉
① 자연스러운 작은 모임으로 출발 : 자발적이고 즐거운 모임부터 시작
② 초기 리더의 중요성 : 의지와 욕구를 가진 한 개인 또는 한 집단의 리드
③ 공공 지원의 필요성 : 공동체 활동의 실행 방법, 정보, 모임을 위한 공간 등에 대한 지원
④ 공공의 변화의 필요성 : 다양한 공공의 자원을 주민에게 개방하고 기능과 역할을 개편·상호 연결
⑤ 주민주도의 필요성 : 주민 당사자들의 땀과 노력으로 지속가능성 확보

〈표 1〉 1기 마을공동체 기본계획의 비전과 전략

비전	과제	전략
'사람 사는 재미가 있는 행복한 서울, 서로 돕고 살아가는 지속 가능한 서울'	마을사람 키우기	1) 창의적 마을활동가 양성
		2) 청년의 활력과 역량 활용
		3) 여성의 활동·역량 강화
	마을살이 함께하기	4) 함께 사는 재미가 있는 공동체 문화 조성
		5) 이웃돌봄 활성화
		6) 마을경제 활성화
		7) 에너지 절감 마을 조성
	마을지향형 민관협력 만들기	8) 주민주도의 민관 협력체계 구축
		9) 현장 일착형 마을인프라 구축
		10) 마을지향 행정시스템 정착

---

8 서울 마을공동체 정책 돌아보기(2020) 서울시마을공동체종합지원센터
9 「서울특별시 마을공동체 기본계획」 2012

이후 서울시 마을정책은 등장->연결->성장 순의 기조로 이어지며 확대된다. 2013년 즈음부터는 각 자치구 마을'넷'이 등장하여 마을모임, 단체, 활동가들을 통합하는 모임을 만들어나갔다. 이러한 네트워크는 마을회의 개최, 활동가 교육·양성 등 풀뿌리 활동의 기반을 만들기 위한 활동 한편, '법인화'하여 마을에 관련한 위탁사업을 추진하기도 하였다.

보다 자세한 내용은 서울시 마을공동체종합지원센터 자료실에 게시된 다음 자료를 참고하길 바람. [10]

마을공동체 정책사업을 보다 확장하고, '관'이 아닌 '민간의 관점'을 반영하기 위해서는 '중간지원조직'이 필요했다. 서울시 마을공동체 종합지원센터를 설치하고, 각 자치구 단위에 '마을지원센터'가 설립되었으며, 이는 시민단체 위탁을 통해 운영되었다. (드물게 구청이 직영운영을 하는 경우가 있었음) 이후 마을공동체지원센터는 사회적경제와 주민자치영역과 통합되는 경향을 보인다. 오세훈 서울시장 재집권 후, 중간지원조직 위탁을 놓고 공정성과 투명성 논란이 일기도 했다. [11]

마을에서는 서로 다른 주체들이 참여하는 포괄적인 지역네트워크를 구성하여 지역의 문제를 함께 풀어가기 위해 노력하고 있다. 각 자치구의 마을네트워크, 시민사회플랫폼, 서울시의 마을활동가연대와 시민사회네트워크 등이 그것이다. 이 네트워크는 현재 서울시장의 '시민사회 영역 축소' 문제에 함께 대응하거나, 지역자산화 등 시민력 강화, 협치고도화, 연대 활성화 등을 위해 활동하고 있다.

'마을공동체 정책'뿐 아니라 마을에 영향을 미치는 여러 정책사업들이 있다. 국가정책이 큰 영향을

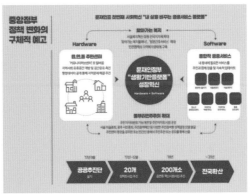

12

미치기도 한다. 그 중 중요한 사례로 '커뮤니티케어' 정책이 있다. 커뮤니티케어 정책의 추진과 함께 지역에서도 지역의 의료 및 돌봄의 통합적 체계를 만들기 위해 대응하는 네트워크·조직체가 꾸려지고 있는데, 관악이 이류사협, 중랑의 건강공동체 등이 그 사례이다. 이들 조직은 의류와 복지, 마을의 경계를 넘어 연결되고 상호보완하는 지역사회 건강체계를 만들기 위해 노력한다.

---

10 http://www.seoulmaeul.org/programs/user/board/data/read.asp?idx=515&category=&searchVal=&pageno=1&listsize=10&fromDt=&toDt=
11 서울마을활동가연대 서울시민사회네트워크 서울시마을법인협의회 공동성명서 "오세훈 서울시장은 서울시마을공동체종합지원센터 위탁을 투명하고 공정하게 진행하라!" http://www.ohmynews.com/NWS_Web/View/at_pg.aspx?CNTN_CD=A0002769209
12 서울시 마을공동체 종합지원센터 마을활동가 기본교육 자료 (2017)

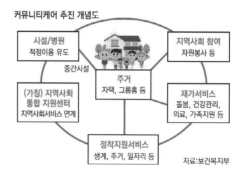

3. 마을과 노동 : 성별, 세대 간 균열과 연대

마을활동이 본격적으로 '일자리'로서 등장한 것은, 마을공동체 정책사업 추진 이후이다. 중간지원조직 활동가, 마을지원활동가, 동자치지원관, 뉴딜활동가, 지역의 NPO센터 활동가 등… 다양한 마을의 일자리가 '고용' 영역에 등장했다.

이로 인해 마을공동체 활동이 활성화된 한편, 노동권 문제를 둘러싼 긴장이 발생했다. 왜냐하면 마을과 공익영역은 이미 수많은 무급노동으로 지탱되고 있었기 때문이다. '노동에 대한 정당한 보상'이라는 차원에서 마을활동가들의 임금이 논의될 때, 임금을 받고 임금에 합당한 만큼의 시간을 '노동'하는 활동가와, 보상에 관계없이 '헌신'하는 활동가들 간의 혼란과 긴장이 발생한다.

마을공동체 활동/노동의 성별화 문제는 많은 연구활동가들이 지적했다. 코로나19로 인한 지역여성들의 독박돌봄 문제와 돌봄사각지대에 대응하기 위한 마을의 '돌봄사업' 또한 여성활동가들의 노동에 의존했다. 가장 절박한 필요성을 느끼는 이들이 나서서 자신의 노동으로 사회적 필요를 메우는 식이다. 마을의 일상 노동은 주로 여성이 하지만, 마을 '정책'을 말하는 토론회와 회의장에는 남성들이 등장하는 상황은 흔하다. 이러한 상황에 문제제기하는 청년여성들은 마을의 관계망을 불편하게 하거나 '까다로운' 존재로 여겨지기도 한다. 지속가능한 마을활동을 위한 사회적기업 설립 등 마을단체들의 '경제화' 경향은 또다시 남성들의 주도성을 강화하며, 이러한 성별화는 대표성의 문제로 이어지기도 한다.

마을활동가들의 세대간 균열도 발견할 수 있다. '직업'으로서, '마을활동가'라는 '흔치 않은 직업'을 선택한 청년활동가들은 종종 조직의 위계질서, 기존의 고정된 가치에 의문을 품고 불화하지만, 이를 수평적으로 논의하는 조직문화는 잘 갖춰지지 않은 경우가 많고, 수많은 즉흥적 일이 일어나는 마을활동 속에서 함께 논의할 '틈'조차 나지 않는 것이 다반사다. 중년 활동가들이 동료 청년 활동가를 인터뷰를 한 다음의 자료에서는 청년세대 활동가들의 사회적노동에 대한 시각을 읽을 수 있다.

"청년들과 대화를 나누면서 우리는 청년들의 사회적 노동이 단지 특정 조직에서 규정된 실무를 수행하거나 유/무형의 상품이나 서비스를 생산함으로써 개인의 살림살이를 유지하는 (경제적) '노동'만도 아니며, 사회를 바꾸려는 규범적이고도 집합적인 실천으로서 (정치적) '운동'만도 아니고, 또한 가치 지향적으로 새로운 관계를 구축하거나 관계를 유지하는 (사회적) '활동'만도 아니라는 점을 반복해서 확인할 수 있었다. 또한 노동과 운동, 활동은 명확히 나뉘고 정의될 수 있는 개념이 아니라, 사회적 노동 안에 공존하는 서로 다른 지향과 경험들의 복합적인 함수라는 점을 깨달을 수 있었다." [13]

'사회적 목적'이라는 포괄적인 지향점은 각 마을구성원들의 충분한 공통성이나 연대관계를 보장하지 않는다. 그렇기에, 평등한 조직문화에 대한 교육 지원, 공익활동 일자리 마련 및 지원을 통한 처우개선 등 정책적 개입이 필요하다. 또한, 불평등한 권력관계를 보정하기 위해 사회적 자원이 부족한 이들의 자원형성을 도와야 한다. 지역사회에 당사자들의 목소리를 보다 반영할 수 있는 비혼여성, 1인가구를 위한 센터 등 공간 마련, 활동지원, 사회적 고립청년들의 일자리를 보장하며 커뮤니티 활동을 돕는 정책사업 등 지역 인프라 구축을 통해 보다 나은 마을노동을 보장할 수 있을 것이다.

기후위기와 팬데믹의 시대 우리에게는 더 나은 삶을 위한 더 많은 마을/공익 일자리가 필요하다. 하지만 지금과 같은 불안정 비정규노동의 형태로는 마을노동자들의 삶의 질을 보장할 수 없으며, 경제적 자원이 부족한 마을단체의 한정된 '일자리'와 정부지원에 의존하는 것만으로는 충분한 마을 일자리를 만들어낼 수 없다.

이에, 국가정책으로서 '기후중립과 정의로운 전환'의 지역화 정책으로서 지역 일자리가 마련되어야 한다. 미국 바이든 정부의 '기후시민단'의 예와 같이, 에너지 전환과 생태보전 등 기후위기 시대에 필수적으로 필요한 영역에서 녹색일자리를 만들어내어야 하며, 노동시간을 줄이고, 일자리를 나누며 우리의 신체 리듬과 자율노동을 보장하는 노동의 생태적 전환을 이루어나가야할 것이다. 이는 서울시 뉴딜 일자리 사업의 급진적 전환으로서 제시될 수도 있다.

4. 기후위기 시대의 마을활동과 정책

서울시는 기후위기 대응을 위해 작년도, 코로나19 극복 희망일자리 사업으로 기후위기 대응 시민활동 지원 일자리를 모집했다. 한 자치구당 2인씩의 활동가가 배치되어 지역사회와 활동가들과 함께 기후위기 대응 캠페인을 펼쳤다. 올해는 일자리 사업이 아닌 활동지원사업으로 '당연한 실천가' 활동으로 진행되고 있다. 지속적인 일자리가 아니라 단기적으로 지원된다는 점이 아쉬웠지만, 이를 통해 서울의 기후위기 대응 활동이 탄력을 받고, 4.7 서울시장 보궐선거 시점에서 '기후정의 서울'을 만들기 위해 구성된 서울 기후위기 비상행동과 적극적으로 연계되고 있다는 점도 주목해야 한다.

---

[13] <좋은 노동은 가능한가 - 청년 세대의 사회적 노동> (2016)

올해 5월 14일에 서울시마을공동체종합지원센터와 이상훈시의원실, 서울특별시의회 2050 탄소중립과 정의로운 전환 특별위원회에서 공동주최한 로컬뉴딜 토론회[14] 에서는 ▲로컬뉴딜과 전환마을의 개념과 전략 ▲그린 인프라, 공동체돌봄, 지역순환경제의 지역사업 모델 ▲10분 동네 전환마을 실천모형을 중심으로 주제발표가 이어졌고, 지역공동체, 도시재생 등 관계자들이 종합토론을 벌였다.

유창복(성공회대 사회적경제대학원 겸임교수)은 서울 로컬 뉴딜의 핵심과제를 다음과 같이 제시한다.

<사업 모델 설계>

ㅇ감축 : 그린 리모델링, 가상발전소, 로컬모빌리티, 마을정원 등

ㅇ적응 : 마을돌봄망 구축, 동네양호실, 동네부엌, 동네정원 등

ㅇ전환 : 자원순환, 푸드플랜 등

<추진전략>

ㅇ공간전략 : 마을관리소를 거점으로 커뮤니티 공간의 연계

ㅇ지역순환경제 전략 : 일자리/ 일거리 창출하는 지역순환경제 생태계 구축

ㅇ거버넌스 전략 : 시-구-동으로 이어지는 민-관, 민-민 거버넌스 체계의 재구성 전략

감축사업모델의 탄소제로 그린에너지 리모델링' 정책은 다음과 같다.

1) 10년 내 저층주거지와 노후공동주택의 탄소중립과 100% 청정 재생에너지 사용 달성

2) 기후위기에 대응하는 건물에너지효율화와 미니태양광사업으로 지역사회 내 건강한 일자리 창출

3) 기후위기에 대한 시민의 책임과 변화를 촉진하는 지역공동체의 강화와 지원

---

14 서울시 그린뉴딜 지역화 전략과 실천방안 모색을 위한 정책토론회(2021.5.14)

동단위로 지역내 그린리모델링을 컨설팅하고 네트워크(청년, 시니어, 마을기술자, 공동체, 행정, 사회적경제, 주민, 금융 등)를 구성하며 주거환경관리를 지원한다는 아이디어도 있다.

한편, 박상현, 황상윤(공창동도시재생센터)은 다음과 같이 '탄소제로 그린인프라' 구축과 이를 위한 '마을관리소' 설치를 제안하였다.

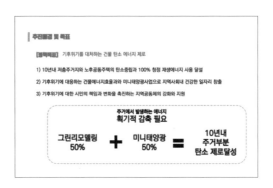

주거에서 발생하는 에너지를 '획기적'으로 감축한다는 계획이 반가운 한편, 미니태양광 사업의 실효성과 추진방식에 대해서는 한 번 짚어보아야할 것이다. 박원순 전 서울시장은 선거 당시 '서울시내 100만 가구에 미니태양광을 설친한다'라는 공약사항을 내걸었으나, 현재 달성은 20만 가구가 넘는 정도에 불과하고, 업체에 대한 부실 지원 논란도 존재한다. 추진 과정에서도 지역의 공유자산 형성과 연계될 수 있는 태양광 사업 추진 방안이 필요하며, 대규모 건설 시 초래될 수 있는 생태환경에 대한 영향도 고려해야 한다.

대한민국 정부와 서울시는 '수소경제'를 기후위기의 돌파 전략으로 내걸고 있는데, 이 수소의 생산과정에 대해서도 살펴야 한다. 현재 서울시가 추진하는 수소차 등에 들어가는 수소에너지는 물분해를 통해 탄소나 오염물질이 거의 배출되지 않는 '그린수소'가 아니라 천연가스에서 만들어내기 때문에 탄소배출이 많이 발생하는 '그레이수소'다. 수소발전이 낯선 주민들은 수소발전의 안전성 문제에 의문을 제기했으며, 수소차 충전소 건립예정인 강동구 주민들은 반대 주민 청원에 나서기도 했다.[15] 채굴과 산업에서의 생태파괴/인권탄압 문제도 지적되고 있다. 전기차 배터리 생산도 마찬가지로 아동노동이 지적된다. '클린테크' 이면에 지워지는 현장에 대해서도 도시서울의 윤리로서 고민되어야 할 것이다. 케이트 레이워스가 제안한 '도넛경제' 모델은 이러한 도시모델에 대해 시민들이 쉽고 명료하게 사고하는 데 도움을 줄 것이다.

지역사회 에너지 전환 과정에서 여성과 청년, 청소년들이 참여할 수 있도록 보장해야 한다. 다양한 구성원들이 위원회 등 거버넌스에 참여하여 자신의 요구를 말할 수 있도록 하고, 기후위기 취약계층을 보호대상으로 두는 것이 아니라 권리보장과 참여의 주체로 존중해야 한다. 주민단체가 공공의 위탁사업을 받아 지역을 문제를 풀어가는 방식을 넘어, 지역 자원을 분배해 주민자치체계를 꾸려나가야 한다.

---

15 "주민 안전을 위협하고 탄소를 대량 발생시키는 그레이 수소 발전을 중지해주세요" 청와대 청원 https://www1.president.go.kr/petitions/600163?navigation=best

기후위기를 해결하기 위한 공공 일자리뿐 아니라, 마을에서 사회적경제/순환경제 방식으로 일자리를 창출해낼 수 있도록 지원정책을 마련해야할 것이다. 산업의 관점으로 짜여지고 있는 국가 기후정책을 수정하고 보완하기 위해, 지역단위에서 '기후 시민의회' 공론장을 열어 지역주민들에게 필요한 기후 정책들을 마련하고 상향식으로 요구해보면 어떨까.

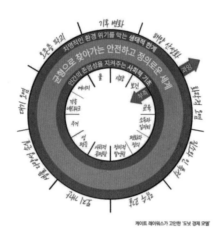

그림 출처 : 학고재(SBS 기사 [SOCIAL LABS 02] '성장 중독'에서 벗어나려는
암스테르담의 시도…'도넛 경제 모델?' 중 발췌)

5. 모두를 '위한' 마을은 어떻게 가능한가
마을공공성

지난해, 중랑구 묵동에서 '역세권 청년주택 건설'을 둘러싼 논쟁이 일었다. 한 주민그룹은 중랑구청 앞에서 '청년주택을 반대'하는 시위를 이어갔고, 반대로 '청년주택 건립에 찬성'하는 시위가 있었다. 이 갈등 속에서 저소득층 청년이 지역에 집단거주를 할 경우 지역이 낙후하게 된다는 '혐오발언'이 공공연하게 등장하기도 했다. 역세권 청년주택 사업의 적절성과 타당성을 둘러싸고 여러 비판들이 이어지는 가운데, 막상 청년의 주거권 문제는 실질적인 논의를 할 수 있는 갈피를 잃었다. 이는 여러 사회적 이권을 둘러싼 '지역사회' 내부의 균열을 보여준다. 지역주민 500명 이상이 모인 단체대화방에서 이에 관한 논쟁이 이어졌으나, 합의점을 찾거나 뚜렷한 결론을 내지 못한 채 일단락되었다.

지역에서 다양한 이해관계가 충돌하는 상황에서 '공공성'에 부합하는 결정은 무엇인지 우리는 질문하게 된다. 유창복(2020)의 논의에 따르면, '마을공공성'은 주민 스스로 생활의 필요를 이웃과 함께 나서서 해결해 가는 과정에서 만들어지며, 공감의 확대 과정에서 개인의 사적인 이해관계는 지역사회의 공적 과제로 통합되기도 하고, 지역 차원의 새로운 과제로 합의되기도 한다. 주민의 공적 합의가 지역사회의 건강성을 지켜주는 공공성의 바탕이 되며, 마을과 지역에서 공론장을 복원해내는 것이야말로 민주주의에 이르는 지름길이며, 복원된 마을공공성은 시민공공성을 불러 일으키고 국가 거버넌스를 바로잡는 힘이 된다.[16]

　　지역에서의 공공성 이슈를 도시공동체에 적용하면서, 정성훈(2013)은 하버마스의 공공성 이론의 한계로 공론장 형성에서 여성의 배제를 심각하게 다루지 않은 점과 "친밀 관계의 재현에 대한 관심 부재"를 지적한다.[17] 공공성 개념을 논의할 때, 돌봄을 오랫동안 '사적인 것'으로 간주해온 것에 대한 문제제기를 포함해야 한다. 김영정(2015)의 연구는 공공성이 재구성되는 장으로서 마을공동체를 바라보고, 돌봄의 가치가 확산되는 과정에서 핵심이 되는 요소를 공공성의 고려와 획득이라고 본다. 돌봄이 개인 또는 가족의 범위를 넘어 마을공동체와 지역으로 확산될 때 어떻게 공공성이 고민되는지, 돌봄이 공공성을 획득할 때 여성이 어떠한 방식으로 그 주체가 되는지를 중심으로 마을공동체 활동을 분석한다.[18] 여성의 무급노동에 의존하는 돌봄이나 '전통적' 성역할이 고정되는 공동체는 우리가 극복해야할 과제다.

　　또한, 공공성은 다양한 주체의 '동등한 참여'를 보장해야 한다. 마을활동이나 공론장에 참여하기 힘든 9 to 6 노동자, 소상공인, 장애인, 청년, 사회적 고립계층 등이 주민/시민/주권자로서 참여할 수 있게하는 것은 절차적 공공성을 넘어 실질적 공공성의 요소로서 보장되어야 한다. 예를 들어, 발달장애인 청년이 지역의 청년네트워크에 참여했을 때, 쉬운 말로 쓰인 회의자료 등 참여를 가능하게 하는 자원을 제공받지 못할 경우, 이러한 참여는 형식에 머물게 된다. 많은 마을공간들이 재정적 문제 때문에 휠체어 접근이 보장되지 않는 곳에 위치하기도 한다.

ⓒ뉴시스

ⓒ전국매일신문 서정익 기자

모두를 위한 마을

　　"왜 망원동엔 퀴어가 많을까? 동네 친구들과 술집에서 맥주 한잔을 하다 보면 꼭 이 주제로 몇 시간을 떠들게 된다. 망원동에는 퀴어 전용 '이쪽 술집'이 없다. 그런데 어떤 식당, 술집에 가면 '어라? 이 테이블도 저 테이블도 다 퀴어잖아?' 하는 순간이 자주 있다. (...)

16　<시민 민주주의 : 마을 - 협치 - 자치 2012 - 2022> (2020), 유창복
17　특집논문 「마을공동체와 여성 - 공공성과 젠더화된 돌봄의 딜레마」 (2015), 김영정
18　특집논문 「마을공동체와 여성 - 공공성과 젠더화된 돌봄의 딜레마」 (2015), 김영정

그렇다고 여기가 무슨 지상낙원쯤 되는 건 또 아니지만, 망원동은 적어도 서울살이를 하는 퀴어들에게 그나마 덜 피곤한 동네일 것이다. 동네 아무 식당에 들어가도 가방에 무지개 뱃지를 단 사람이 앉아 있는 동네. 옆 테이블에서 들리는 말소리에 귀를 기울이면 여성 인권에 대한 이야기를 들을 수 있는 동네. 여자 둘이 스킨쉽을 해도 무난하게 사람들 틈에 묻어갈 수 있는 동네.

홍대부터 시작해 상수, 합정을 지나 이제 망원동 집값도 만만치가 않다. 그럼에도 나와 내 친구들은 이 동네를 당분간은 떠날 수 없을 것이다. (...) 나와 친구들이 망원동에서 하는 이 시도가 더 멀리 확장될 수 있기를, 그래서 더 많은 사람이 다양한 가족의 형태와 주거를 상상할 수 있기를 바란다.”

- 당신이 모르는, 퀴어들의 마을 - 일다 - https://www.ildaro.com/8868

‘마을’은 여전히 어느 곳의 누군가에게 높은 문턱으로 존재한다. 윤리규범, 문화적 감수성 등 각자의 차이가 있는 다양한 집단들이 수평적으로 소통하고 공존하며 공동의 ‘공공성’을 구축할 수 있는 마을은 어떻게 가능할까.

모두를 ‘위한’ 마을을 좀 삐뚤게 보자면, 모두를 ‘위할 수 있는’ 시혜자의 시선이 읽힌다. 마을에서 소외된 사회적 약자, 소수자를 배려하는 식이다. 이러한 개인의 선의에 대해 비판하고자 하는 것이 아니라, 좀처럼 마을에서 말하기 쉽지 않은 ‘불평등’에 대해서 말하고자 한다. 온정적인 시선을 넘어, 마을의 구성원들이 동등하게 이기적인 동시에 이타적인 삶을 함께 살 수 있도록 하기 위해서는 무엇이 필요할까. 마을을 구성하는 ‘모두’가 ‘모두’를 위할 수 있는 마을은 어떻게 가능할까.

도쿄, 서울, 뉴욕의 소수자 마을을 기록한 마이너리티 코뮌의 저자 신지영은 “타인과 연결되고 싶다는 욕망 없이는 어떤 마을도 구성할 수 없으나, 어떠한 방향으로 틀 것인지가 중요하다.”며, “‘공동체’라는 윤리 속에서 잊혀지기 쉽지만, 공동체 내부의 타자의 목소리가 울려퍼질 수 있게 하는 것은 또 하나의 중요한 윤리이다.’라고 짚는다.

성소수자, 비건, 동물권활동가, 장애인 등.. 공동체 안의 소수자들이 모일 수 있는 자리를 마련하는 것, 나의 소수자성을 기반으로 그것을 공유할 수 있는 관계망과 공간을 만들어내는 것, 그것은 ‘모두를 위한 마을’의 중요한 요소라고 생각한다. ‘정체성 정치’에 비판의 목소리를 높이며 정체성 정치가 아닌, ‘정치경제학’이 필요하다고 주장하는 이도 있지만, 나는 여전히, 우리 안의 차이를 묵살하고 동일성의 폭력을 휘둘러온 우리 사회가 ‘더 많은 정체성 정치’를 요한다고 생각한다. 정체성 정치와 정치경제학, 풀뿌리 민주주의의 만남에서 우리 모두가 잘 사는 행복한 마을이라는 보편의 전망이 가능할 것이다.

6. 나가며

과연 마을이 가능할까싶은 서울 대도시 지역에 뿌리내린 서울시 마을공동체 정책 10년은 수많은 주민들의 참여와 마을조직들의 구성을 이끌어왔다. ‘마을사업’을 하며 산더미같은 증빙서류에 분노하고 짜증 내면서도 활동가들과 주민들은 마을 관계망을 강화하고 마을공간에서 변화를 만들기 위해 고군분투해왔다. 그리고 기후위기와 팬데믹의 시대, 우리는 이 '마을'을, 공존과 돌봄의 윤리에 기반해 경제성장과 경쟁 위주의 사회체제를 근본적으로 전환시키는 일들을 펼치는 토대로 삼는다. 많은 주민들에게 관계망을 제공하며 혼자가 아닌 여럿이, 모두가 더불어 평등하고 재미나게 사는 마을공동체는 모두를 위한 사회혁명의 씨앗을 품은 곳이다. 함께 싹틔워볼 혁명의 싹들을 나는 다음과 같이 제안한다.

첫째. 여성주의적 성평등 돌봄문화가 확산되는 마을공동체를 제안한다. 코로나19와 기후위기가 들이닥친 지역사회의 삶에 돌봄을 함께 나누어 맡는 것은 무엇보다 중요하다. 우리는 돌봄의 상품화와 성별화를 넘어선 지역 돌봄체계를 함께 만들어야 한다. 김영정(2020)은 돌봄의 사회화라는 여성주의적 의미가 퇴보되지 않도록 주의를 기울일 것, 기존 돌봄 중심의 전형적 사례들 외에 비혼 여성 공동체 등의 비전형적 사례들을 발굴·확산할 것을 제안한다. 이는, 성별이분법을 깨 나가며 돌봄의 실천을 확장할 것이다. 이를 위해, 우리는 돌봄네트워크를 구성하여 풀뿌리 주민들과 성평등한 지역문화를 만들며, 자치구, 지역사회 차원에서 정책 모니터링 활동을 하고 성평등한 돌봄 활동가 양성 교육과정, 일자리를 요구할 수 있을 것이다. 이때의 돌봄은, 소수자 등 타인의 '있을 곳'을 마련하고 존재를 인정하는 것을 포함한다.

둘째. 마을에 존재하는 사회적 불평등을 넘어설 수 있는 마을의 공유재 형성을 제안한다. 현재 지역자산화라는 이름으로 시도되고 있는 공유자산 운동은 보다 광범위하게 마련되어야 한다. 빈민, 소외계층들이 함께 참여할 수 있도록 '공동체 은행'과 커뮤니티센터를 마련하고 자원을 모으고 나누어야 한다. 마을의 국공유지가 사기업에 넘어가지 않도록 공동대응하고, 마을의 유휴지를 적극적으로 점유해야 한다. 이를 위해서는 기존의 마을네트워크를 넘어선 보다 광범위하고 긴밀한 지역 연대체가 필요하다. 기후위기에 대응한 지역 에너지 자립·전환의 기반조성 과정에서도 공유재를 함께 형성해야 한다. 공공임대주택 등 주거권을 보장하는 것도 중요한 문제다.

셋째. 기후위기에 대응하는 '정의로운 전환' 과정에서 지역사회에서부터 노동의 생태적 전환을 이루어야 한다. 현재의 산업중심 생산 노동과 마을의 재생산 노동의 구분을 깨뜨릴 수 있는 노동의 관점이 필요하다. 이를 위해서는 노동시간을 과감하게 축소하고, 일자리를 나누어야 한다. 이 논의를 '산업노동' 차원을 넘어, 모두가 보편적으로 속해 있는 '지역사회 구성원'이라는 차원에서 던져야 한다. 지역사회 공익·녹색일자리 확충을 통해 산업영역의 실업을 흡수하고 노동의 생태적 전환을 이끌어야 한다. 이와 함께, 노동시간 축소 및 기본소득 도입과 함께 마을공동체·공익활동의 확대, '참여소득'을 편성해야 한다.

넷째. 마을공동체 '정책' 거버넌스의 권력구도를 역전하자고 제안한다. 지금까지 시민사회는 "지역주민들의 자발적 활동을 행정이 지원하는 방식'의 대안적 민관 협력을 구현하는 것을 요청해왔지만, 자원이 집중된 행정이 우위를 점하고 위계를 갖는 것을 역전시키기에는 결정적인 한계가 존재했다. 서울시의 활동가들은 이러한 경향에 대응하기 위해 서울시민사회네트워크, 마을활동가연대 등 시민사회 조직을 구성했다. 이 네트워크들을 통해 행정에 '대응'하는 것을 넘어 지역자원을 조직하며 권력관계를 역전하고 풀뿌리 시민사회의 의사가 제대로 반영될 수 있도록 행정체계를 재조직할 수 있어야 할 것이다. 주민조직화는 우리의 강력한 힘이다. 선출된 행정과의 거버넌스를 넘어 '전환'을 할 수 있도록 정치 제도를 개선하는 것 또한 과제이다. 녹색당은 정치적 다양성을 보장하기 위해 광역과 기초 의회의 비례성을 강화하고, 연동형 비례제를 넘어 전면 비례제 시행을 요청해왔다. 3·4인 선거구 확대, 결선투표제 도입, 기탁금 폐지, 지역정당 설립 보장 등도 지역정치 다양화와 활성화를 위해 당면한 과제이다. 말도 많고 탈도 많았던 '정치개혁'을 어떻게 해낼 것인지 풀뿌리 시민사회와 함께 모색해야 한다.

마지막. 앞선 문제의식들을 공유하고 주민·시민들이 의사를 조직할 장으로서 기후정의 풀뿌리 시민의회 조직을 제안한다. 국가와 산업의 관점에서 작성되는 현재의 탄소중립 시나리오는 기후위기를 해결할 수 없으며, 지역사회 일상의 삶에 두터운 위기를 드리운다. 이에, 지금까지 지역사회에서 고군분투해온 주민 당사자들이 기후위기 해법을 마련할 때가 아닐까. 위기와 재난은 지역의 약한고리부터 끊어낼 것이다. '모두를 위한 마을'은 이러한 위협에 맞서야 하지 않을까. 위험에 대해 안전망을 만들고 '완충지대'를 형성하는 것에서 보다 적극적으로, 지역사회 풀뿌리들이 스스로 조직하여 국가적 기후위기 대응에 결정적 영향력을 발휘할 수 있었으면 한다. 이 과정에서 지역의 잊혀지고 소외된 목소리들이 발굴되고 당사자로서 정치적 힘을 갖게 될 것이다. 우선 탄소중립 녹색성장 기본법이 제정됨에 따라 만들어지게 될 지역사회 조례부터 개입하여 녹색성장 조례가 아닌 기후정의 조례로 만들어내는 운동을 펼쳤으면 한다.

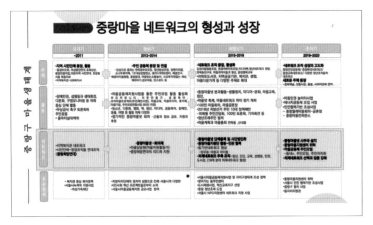

[별첨 1] 19

19 <서울의 마을혁신 10년 돌아보기> - 마을정책포럼 자료집(2020)

중랑구 지역사회는 2000년대 중반부터 장애인부모운동이 등장한 후, 여성생태환경운동, 생협운동, 민중의 집 운동 등이 연이어 등장하여 지역 생태계를 이루었다. 이 운동들이 하나의 목표를 두고 이어진 것은 2010년 오세훈 서울시장이 무상급식을 반대하고, 당시 보수정당 구청장이었던 중랑구청장도 이를 옹호했기에, 무상급식을 요구하는 지역 캠페인을 함께 벌이면서부터. 시민정치를 표방하던 박원순 서울시장이 서울시정을 맡게 되면서 시민사회단체들과의 소통이 활발하게 이루어졌다. 중랑 시민사회 또한 '중랑희망연대'라는 연대체를 꾸려 '마을공동체 사업' '혁신사업' 등의 도입을 위해 '혁신 정치세력'과의 협력을 적극적으로 도모해갔다. 서울 시민사회의 이러한 동향에 대해 '시민사회의 야성을 잃었다'라는 내부 비판도 존재한다.

지역사회에서 행정과의 협력과 갈등은 다층적으로 이루어지고 있다. 지역운동의 다양한 역동을 우리 스스로 어떻게 진단하고 앞으로를 기획할지가 중요할 것이다.

참고자료
<시민 민주주의 : 마을 - 협치 - 자치 2012 - 2022> (2020), 유창복

서울 마을공동체 정책 돌아보기(2020) 서울시마을공동체종합지원센터

<좋은 노동은 가능한가 - 청년 세대의 사회적 노동> (2016)

특집논문 「마을공동체와 여성 - 공공성과 젠더화된 돌봄의 딜레마」 (2015), 김영정

 서울시 그린뉴딜 지역화 전략과 실천방안 모색을 위한 정책토론회 (2021.5.14) 자료집

4

기후정치,
풀뿌리의 시간

녹색당 풀뿌리 기후정의 시민의회를 제안하며 (2021.9)

"기후정의 풀뿌리 시민의회를 제안드립니다" 국가와 기업은 전환의 주체가 아니라 책임 당사자입니다

기후위기는 불평등한 자본주의 체제와 함께 심화되어온 사회의 위기입니다. 지구는 이미 한계에 다다랐고, 끊임없이 이어지는 재난 속에서 인류는 '멸망이냐, 전환이냐'의 기로에 놓여 있습니다. 그렇기에 기후위기의 해법은 단순한 온실가스 감축이 아닌 '기후정의 체제전환'이어야 합니다. 개개인이 환경에 대한 책임을 인식하고 연대의식을 가지는 것은 물론 필요합니다. 그러나 그것만으로는 기후위기를 막을 수 없습니다. 산업자본의 무분별한 이윤추구 행위와 토건개발과 화석연료 기반의 국가계획 등 지금껏 기후위기를 만들어온 원인과 책임을 제대로 따져 묻는 것으로부터, 우리는 기후위기와 불평등을 심화시켜온 사회구조를 전환해내어야 합니다.

그러나 국가는 책임있는 탄소 배출 감축 목표와 구체적인 계획을 세우고 있지 못하며, 탄소중립위원회가 내놓은 시나리오는 '함량미달'이었습니다. 또한, 현재의 탄소중립 녹색성장 기본법은 기후위기에 책임을 져야할 집단을 되려 '지원'하며 자본과 기술중심적 해법을 내세우고 있고, 기후위기의 직접적인 이해당사자인 시민의 목소리가 빠져 있습니다. 일례로, 전기차와 수소차 산업을 지원하여 탄소를 감축하고자 하는 계획에는, 정부의 구매비용 지원을 통해 차를 생산한 대기업에 이윤이 축적되는 구조입니다. 이러한 방식으로는 여지껏 국가적 지원에 힘입어 탄소다배출 화석연료 사업으로 돈을 벌어온 대기업이 적절한 책임을 지도록 할 수 없으며, 오히려 전환과정의 이권을 새롭게 독점하도록 하고 있습니다. 소비단계뿐 아니라 생산과 유통과정에서의 탄소배출이 충분히 고려되지 않고, 관련 법제도도 미비하기에 해외에서의 인권침해와 생태파괴에 적절히 대응할 수도 없습니다.

92

기후정의 풀뿌리 시민의회를
소개하는 홍보물

풀뿌리 시민들의 민주적 조직은 기후정의 체제전환의 필수요소입니다

　　정부와 의회, 재계를 중심으로 짜인 탄소중립위원회는 기후위기의 근본적인 대책을 세울 수 없음이 확인되었습니다. 지금까지 화석연료경제로 이권을 쌓아오며 정치와 경제권력을 독점한 그룹의 목소리가 주류를 이루기 때문입니다. 따라서, 기후정의 실현을 위해서는 권력의 전환이 필수적입니다.

　　그렇기에, 우리는 풀뿌리 시민의 강력한 힘을 모아내야 합니다. 탄소배출 제로에 대한 의지가 없는 시나리오를 내어놓는 탄소중립위원회와 시민회의가 아닌, 기후정의의 청사진과 구체적인 방법을 기획하는 풀뿌리 시민조직을 만들어야 합니다. 이미 세계 곳곳에서 시민들의 기후정의 운동을 통해 대안적 흐름이 만들어지고 있습니다. "우리는 전문가는 아니지만 사회의 다양성을 대표하는 시민입니다. 우리에게는 사회에 변화를 가져올 수 있는 힘이 있습니다." 라고 선언한 프랑스의 기후시민의회는 헌법 1조에 기후변화 대응을 명시하였고, 통행속도 제한과 육류소비 절감 등의 정책을 제안했습니다. 대한민국 정부는 이러한 사례들의 '틀'만 따와서, 기후운동의 동력과 무작위 추첨된 시민들을 분리시켜 변화를 '제한'하려고 하지만, 우리는 이에 맞서, 보다 강력하고 폭넓은 시민들의 힘을 조직할 수 있습니다.

우리는 함량미달인 탄소중립위원회 시나리오를 폐기할 것을 요청합니다. 그리고 탄소배출 제로와 기후정의 체제전환을 구체화하는 '시나리오 0제로'를 작성하여 국가에 관철시킬 것입니다. 또한 시나리오 작성 과정에서 시민들과 부문별 운동에서 요구하는 의제별 정책안을 작성하여 시나리오에 담는 동시에 대선과 지방선거 국면에서 정책협약 등을 통해 시민들의 요구안을 하나하나 실현해나갈 것입니다.

국가가 소집한 시민조직은 임기가 끝난 후에 흩어질 것이지만, 우리가 스스로 조직하는 기후정의 풀뿌리 시민의회는 지역사회를 기반으로 지속될 것입니다. 시민의회에서 지금껏 알지 못했던 지역주민, 동료시민들을 발견하고 귀를 기울일 것입니다. 또한 시민의회는 탄소중립 녹색성장 기본법을 거부하는 운동, 잘못 꿰어진 법에 따른 위원회 등 구조에 대응하는 운동과 연결될 것입니다. 서로가 서로를 연결하여 가능성을 증폭시켜 풀뿌리에서부터 사회를 변화시키고, 우리는 결국 기후위기를 막아내는 거대한 힘이 될 것입니다.

기후정의 풀뿌리 시민의회에 대한 많은 관심과 참여 부탁드립니다.

왜 정당, 녹색당이 기후정의 풀뿌리 시민의회를 제안하는가

풀뿌리와 시민, 녹색정치가 분리되는 방식으로는 기후정의를 실현할 수 없습니다. 기후정의를 위한 직접행동과 정책 작성, 전환의 청사진 작업을 꾸준하게 해온 녹색당이 풀뿌리 시민사회와 결합하여 시민들의 목소리를 함께 조직하고 정책과 시나리오를 만들어나가야 합니다. 녹색당원들은 지금까지 기후위기의 직접 당사자로서 목소리를 내고 체제전환을 위한 운동에 참여해왔습니다. 청소년, 청년, 여성, 풀뿌리, 기후 운동을 통해 시민들과 함께 호흡하고 시민들을 조직해온 당원들이 나서서, 기후정의를 위한 시민들의 목소리를 모아내고 이것이 기존 정치를 깨는 전환의 힘으로 연결될 수 있도록 적극적인 역할을 해야 합니다. 그것이 바로, 모든 존재들의 온전한 삶과 생태평화를 말하고 행해온 녹색정치의 현재 과제이자 책임일 것입니다. 이 과정은 기후시민, 녹색시민들이 함께 진정한 정치적 참여를 이루어내는 과정이고, 녹색당의 풀뿌리 정치를 복원하는 과정이기도 합니다. 또한 이는 기후정의를 실현할 수 없도록 강고한 특권의 벽을 구축한 기존 정치세력에 균열을 낼 것입니다.

기후위기 당사자는 어떻게 정의되며 대표성을 획득하는가

그간의 기후운동과 시민사회는 농민, 노동자 등 기후위기나 전환의 과정에서 가장 큰 영향을 받는 집단에 주목하고 그들의 목소리를 반영할 것을 요구해왔습니다. 모든 시민들은 기후위기 당사자로서 참여할 수 있어야한다는 것이 '정의로운 전환'의 원칙이지만 정부가 꾸린 위원회와 시민참여기구에서 여전히 많은 집단들은 소외되고 배제되며 충분한 대표성과 발언권을 보장받지 못하고 있습니다. 우리는 시민의회를 통해 불평등한 처지에 놓여 기후위기와 팬데믹 재난사회의 피해를 고스란히 뒤집어쓰는 동료시민들을 자신의 권리를 보장할 수 있는 정책을 요구할 수 있는, 정치적 힘을 가진 구성원으로서 인정하고 초대할 것입니다. 폐기물 수거업체의 노동자, 돌봄독박 여성, 청소년, 청년, 장애인, 노인, 소농, 소상공인, 플랫폼 노동자 등은 우리 모두와 마찬가지로 가장 중요한 이 사회의 성원입니다. 기후정의 풀뿌리 시민의회를 추진하는 연대체에서는 여러 집단들이 고르게 대표성을 갖고 목소리를 낼 수 있도록 집단 범주화에 노력을 다하고, 의원들을 지역사회 현장에서 직접 발굴하고 초대할 것입니다.

5

집회 성지가 된
서울시청

2021.10.20. <오세훈 시장의 시민참여정책 후퇴와 서울시민에 대
한 정치적 공격을 규탄한다> 풀뿌리 지역사회 공동 기자회견 발언

영국 글래스고에서 열리는 제 26차 유엔기후변화협약 당사국 총회
(COP26)을 맞아, '기후정의'를 요구하는 서울 시민사회 기후위기대응
공동행동주간 기자회견에 참여해 발언하는 필자

**오세훈 서울시장 취임 후, 기후·민생 예산을 삭감하며 서울지역 풀뿌리 시민사회에 대
대적인 탄압을 시행했다. 이에 2021년 말 서울시청 앞은 시위가 끊일 날이 없었다. 나 또한
각기 다른 단위에서 주관한 서울시청 앞 집회에 매일같이 참여해서 발언했는데, 중 한 집회에
서 한 발언을 공유한다.**

안녕하세요. 사단법인 중랑마을넷 기획팀장으로 일하고 있는 상현입니다. 저는 마을의
관계망을 잇고 시민들의 참여로 지역사회 문제를 해결하는 일을 하고 있습니다. 작년에 서울
각자치구 시민사회 네트워크들의 네트워크인 서울시민넷이 꾸려져 운영위원으로 함께하고
있습니다. 서울시민넷은 각 자치구 네트워크가 서로 협력하며 서울시민의 시민력을 강화하고
사회적 연대를 추구하고 협치를 발전시키는 것을 목적으로 하는 연대체입니다.

작년과 올해 코로나로 지역이 많이 힘들었습니다. 수많은 가게가 문을 닫았고 시민들이 생계를 잃었습니다. 서울시는 일방적 방역지침을 강요했고, 내몰린 시민들의 고통에 대해 무엇을 했는지 묻고 싶습니다. 마을과 시민사회는 이 공백을 메꾸느라 분주했습니다. 대면이 어려운 상황에서 관계망을 유지하고 뒤에 홀로 남겨지는 사람이 없도록 애써왔습니다.

마을과 시민사회는 물론 직업으로서의 활동가도 있지만 한편, 수없는 활동가들의 무급 노동으로 지탱해온 영역입니다. 자기에게 이득이 되지 않아도 사명과 헌신으로 일해온 활동가들이 있습니다. 10년입니다. 그러나 활동가들에 대한 사회적 인정과 보상체계는 아직도 미흡합니다. 더 많은 공공영역 활동과 일자리가 필요한 시기에 오세훈 서울시장은 오히려 낡은 정

오세훈 서울시장의 시민사회 탄압을 규탄하는 기자회견에 참여해 발언하는 필자

쟁의 프레임으로 시민사회 공격에 나서고 예산을 삭감하며 퇴행시키고 있습니다.

이는 서울시민사회에 대한 탄압이자 서울 시민들에 대한 공격입니다. 지금까지 마을과 시민사회는 정부와 시장이 하지 않는 사회적 돌봄과 공공성의 공백, 제대로 대비하지 않기에 위기가 사회적 재난이 되고 있는 상황으로부터 지역주민들의 삶을 지키기 위해서 헌신해왔습니다. 많은 마을, 시민사회 활동가들이 몸과 마음을 다쳐가면서 시민사회를 이루어왔습니다. 몸과 마음이 병든 활동가들이 많습니다. 그러나 아파도 내색하지 않고, 위기의 상황에 이웃을 돌보고 마을과 사회를 지켜왔습니다. 비영리조직이라는 이유로, 어려운 재정상황에도 공익활동 비용 부담을 떠맡고 산더미같은 증빙서류를 쓰고, 수없는 시간을 행정과 서로 통하지 않는 말을 잇기 위해 고군분투해온 것입니다.

그 이유는 바로 행동하고 서로 돌보는 시민, 우리가 서울시의 주인이기 때문에, 우리의 권리를 지키고 더 나은 삶을 만들고지 함이었습니다. 실제로 10년 동안 여성들에게 공적 영역이 열렸고, 청년들은 여유 시간과 사회적 일자리를 얻었고, 수많은 시민들이 사회적 고립에서 벗어났고, 마을살이의 기쁨과 지역사회 문제를 스스로 그리고 힘모아 해결하는 자치의 보람을 느껴 왔습니다. 마을과 시민사회는 주민과 함께 삭막한 도시의 삶의 풍경을 바꾸고, 경쟁과 빈

곤 속에 내몰린 사람들을 보며 모두를 위한 마을을 만들기 위해 노력해왔습니다.

오세훈 시장의 '공정한' 경쟁 사다리로 이 사회가 직면한 거대한 위기, 사회적 재난을 해결할 수 없습니다. 시장중심적 해법, 낡은 관료주의 행정으로 우리의 문제를 해결할 수 있다고 서울시민들은 더이상 생각하지 않습니다.

서울의 시민사회는 오세훈 시장의 시정 퇴행과 낡은 정쟁을 묵과할 수 없습니다. 서울시 세금은 시민들의 곳간 운운하지만, 시민들이 자신들의 권리로 쟁취해온 예산을 갈취해서 태양광 재생에너지, 마을, 시민사회, 노동, 청년 등 꼭 필요한 영역을 없애고, 시대착오적 토건개발, 기업지원 정책에 쓰는 건 오세훈 시장입니다.

그러나 아무리 퇴보시키려고 해도 거스를 수 없는 역사의 흐름이 있습니다. 그리고 시민의식의 진전, 자치분권의 발전. 마을공동체의 역동이 있습니다.

오세훈 시장은 마을과 시민사회, 아니 서울 시민들의 권리와 삶에 대한 공격을 멈추고 예산 삭감을 철회하십시오. 마을과 시민사회 활동가들의 사회적 기여를 인정하고 관료행정 대신 자치분권을 실현하십시오. 마을과 시민사회 활동가들의 노동인권을 보장하십시오. 서울시민사회는 시민들의 곁에서, 시민들의 권리를 위해 시민들과 함께 싸울 것입니다.

서울녹색당은 11월 12일 오세훈 서울시정의 기후·민생예산
삭감을 규탄하고 공개질의서를 보내는 기자회견을 개최했다.

6

우리 사회의 문제를
풀어내는 지역자치의 힘

주민자치활동가 21인 직문직답 <민주주의! 주민자치에서 길을 찾다>
(2022/리북) 게재 원고 (원제 : 불안한 청년의 삶 바꾸는 데 지역사회가
큰 역할할 것 - 이상현 중랑구 중랑마을넷 기획팀장을 만나다)

1. 먼저 자기 소개를 부탁드리며 주민(마을)자치와 관련해 하시는 일은 무엇입니까?

저는 사단법인 중랑마을넷에서 기획팀장을 맡고 있습니다. 지역의 다양한 단체들이 '시민사회 활성화', '지역공론장 운영', '활동가 발굴·양성' 등 자치적으로 지역문제를 해결할 수 있는 기반을 조성하기 위해 협력관계를 맺고, 다양한 마을사업 기획들을 해나가고 있습니다. 특히 작년부터 '기후위기 중랑행동'을 통해 기후위기 문제에 대한 지역주민들의 목소리를 모으고 학습, 캠페인, 정책제안 등을 하고 있습니다. 지역 청년들의 자치기반 형성을 위해 노력했고, 지역활동을 바탕으로 한 지역의 정치활동을 하고 있기도 합니다.

2. 마을에 젊은 활동가가 많지 않은 것이 사실입니다. 이상현 팀장님께서 마을활동에 관심을 갖고 함께 하시게 된 계기는 무엇인지요?

중랑구는 동북여성환경연대 초록상상을 중심으로 풀뿌리 여성주의가 자리잡은 지역입니다. 마을활동 전반에서 성차별과 일상의 잘못된 관행을 짚어가며 더 평등하고 좋은 문화를 조성하려는 실천이 일어나고 있습니다. 제가 중랑구에 이사 왔을 때, 중랑구청 사거리에 초록상상에서 개최한 여성주의 강좌 현수막이 걸려 있었습니다. 그걸 보고 이 동네에 저의 '동료들'이 있을 것이라 직감했습니다. 머지않아 마을에는 '모든 존재'가 있으며, 함께 안심하고 살아갈 수 있어야 한다는 취지의 '중랑구 여성안심행복마을' 사업으로 '성소수자부모모임'을 초빙한 간담회를 접했습니다. 논바이너리(당시에는 젠더퀴어로 정체화) 성소수자

당사자로서 큰 감명을 받았습니다.

　　이외에도 2017년에 제가 총괄 책임을 맡았던 아시아 국제교류행사 지원 건을 중랑 마을회의에서 논의해 '청년들이 마을에서 뜻깊은 일을 한다니 도와주자'라고 결정하고, 개최에 필요한 장소와 후원 등을 모아주었던 인연이 있기도 합니다. 그때 행사비를 벌기 위해서 티셔츠, 뱃지, 엽서 등 굿즈를 만들어 팔았는데 중랑의 마을활동가들이 지금까지도 그 티셔츠를 잘 입고 있는 걸 보면 마음이 간질간질합니다. 무언가 하려는 사람들에게 선뜻 마을을 열고 지지하는 환대의 문화가 있다고 느꼈습니다. 중랑에서 살고 일하던 청년 마을활동가 친구들이 기획한 행사들을 통해서도 지역의 사람들과 만나 관계를 맺을 수 있었어요. 청년 독서모임, 희곡살롱, 중랑구청의 부당한 공모사업 관행에 대한 공동대응까지. 여러 방면에서 스며든 것 같습니다.

　　지역에서 가장 먼저 활동을 시작한 단체는 중랑민중의 집 '사람과 공감'이었는데요, 앞서 말한 국제교류행사를 적극 함께해 준 단체였기 때문입니다. 단체 활동을 계기로 이후, '중랑희망연대' 활동을 제안받고 사무국장으로 일하면서 2018년 지방선거에 대응한 지역의 각 의제별 정책제안활동을 진행하고 중랑 정치학교를 열었습니다. 이때 청년정책을 제안하면서 중랑청년기본조례 청원운동을 동네 청년들과 함께 했고, 청년네트워크 결성으로 이어졌습니다. 마을활동을 통해 중랑지역은 제가 그저 '살고 있던' 곳에서 '활동하고 일까지 하는 곳'으로 새로운 의미가 생겼습니다.

3. 중랑구의 마을운동 현황이 궁금합니다.

　　중랑구 1호 시민단체는 중랑장애인통합부모회인 것 같습니다. 2000년대 중반 장애인권운동단체가 지역에 자리잡았고. 이어 풀뿌리 여성환경운동단체, 생협 등이 들어서면서 마을생태계가 형성되기 시작했습니다. 그러던 중, 2010년 무상급식에 반대하는 서울시에 맞서 무상급식을 요구하는 시민운동이 만들어지면서 중랑구 '시민사회'가 형성되기 시작합니다. 중랑희망연대를 중심으로 이후 마을포럼, 활동 인큐베이팅 등을 통해 마을의 단체들이 연결되고, 이는 '중랑마을넷'의 조직으로 이어집니다. 현재 중랑마을넷은 '자치구 포괄네트워크'로 불리며 시민단체, 마을공동체 조직에서부터 각 교육, 건강, 환경 등 의제별 네트워크까지 다양한 영역이 망라된 네트워크입니다. 마을단체들이 중랑마을넷의 이사진, 운영위원회, 사무국을 함께 꾸려 공동의 기획들을 합니다. 2019년부터 2021년까지는 지역사회 민·민협력기반 조성사업을 통해 마을컨퍼런스, 시민활동가 아카데미, 활동가 배움터, 독서 프로그램 등을 진행했고, 그 외에도 돌봄사업 등 코로나19 돌봄공백을 메꾸기 위한 활동이 있었습니다. 구청과의 협력사업, 협치공론장, 중랑구 npo지원센터와의 협업을 통해서도 여러

마을 일들을 진행합니다.

중랑구에는 건강, 환경, 복지 영역 등 특징적으로 '강한' 의제가 있는 한편, 사회적 경제 등 대안 경제조직의 네트워크가 아직 활성화되지 않았고, 경제적 불평등을 시정하기 위한 운동 등도 지역에서 활발하지는 않은 듯하여, 어떻게 협동적 대안경제 체계를 만들어낼 수 있을지도 지역의 과제라는 생각이 듭니다.

한편, 지역의 모든 단체가 제가 활동하는 '중랑마을넷'에 들어와 있는 것은 아니고, 여러 다양한 단체들이 활동하고 있습니다. 더 많은 단체, 주민들과 접점을 만들고 소통하면서도, 지역활동을 통해 축적된 마을운동의 '지향점'을 어떻게 지키고 발전시킬 수 있을지는 많은 이들의 고민점일 것입니다.

▼표 6 사례연구 지역 중랑마을넷

선정 사례	중랑마을넷
주체	▶교육, 환경, 장애인, 여성 등 다양한 의제를 중심으로 한 지역 단체 활동 활발 ▶2012년을 기점으로 마을공동체 정책과 함께 새로운 주민모임 및 주민 활동가 등장
활동	▶문화, 교육, 건강, 장애인, 돌봄, 생활정치 등 다양한 의제 및 생활문화 공동체 활동 활발 ▶구정모니터링 및 지역 현안에 대한 연대 활동 ▶성평등, 주민 리더, 인문학 등 마을교육 진행 ▶지방선거 정책 제안 등을 통한 연대 활동
네트워크	▶2012년 이후 시민단체와 주민 조직의 연계 협력으로 이루어진 자치구 마을넷 추동 ▶마을학교/생활정치/공동주택/문화/사회적경제/건강/청년분과 네트워크 조직 ▶중랑 권역 모임 진행, 자치구 마을넷 회의 정례화 ▶단체 등록/자치구 마을생태계 조성 지원
기타	▶찾아가는 동주민센터 추진지원단 활동 및 마을계획 사업 지역(2018년~2019년)

▼표 7 2018년 중랑마을넷 네트워크 공동체

분류	공동체 현황
시민단체 및 주민모임	초록상상, 동부교육시민모임, 원광이빠모임, 전국장애인부모연대 중랑지회(중랑통합부모회), 감성마을협동조합, 생각나무bb센터, 아름다운가게 망우점, 1318상상발전소, 마을과 아이들, 마을미디어쎈, 이야기가 있는 사람들, 민중의 집 사람과 공감, 함께 크는 배꼽친구, 행복한 청소년, 해바라기, 사교육 걱정없는세상 중랑동대, 식생활교육중랑, 중랑보육반장, 마음있는 소통놀이, 중랑건강네트워크, 청년네트워크 청랑, 중랑행복교육, 희망유스나래, 빈스로드, 중랑희망연대, 김자별
생협	서울 한살림 중랑지구, 울림두레생협, 중랑배꽃 아이쿱생협,
도서관	책울터 작은도서관, 도담도담 작은도서관, 나무그늘 작은도서관, 송곡여고 열린도서관, 은혜의 숲 작은도서관, 꿈꾸는 작은도서관,
공공시설 및 복지관	녹색병원, 원광장애인종합복지관, 유린원광종합사회복지관, 면목종합사회복지관, 시립대종합사회복지관, 서울시립망우청소년수련관, 서울시립청소년성문화센터, 서울시립중랑청소년수련관, 중랑노인종합사회복지관, 신내종합사회복지관
중간지원조직	중랑구마을공동체지원센터, 중랑교육복지센터, 중랑찾음추진지원단
개인	마을공동체 활동을 하거나 관심자들로서 개인으로 가입되어 있는 개인 회원 다수

2018 서울시 마을공동체 지원사업 성과연구 - 마을공동체 활동의 지속가능성 영향
요인 연구/ 서울시 마을공동체종합지원센터

4. 코로나 시국에서 마을활동이 쉽지 않으실 텐데요. 힘든 와중에도 얼마전 '돌아온 싱글벙글쇼'를 유튜브생중계로 진행하셨더라구요. 반응이 뜨거웠을 것 같습니다. 뿐만 아니라 2020년에는 중랑마을 컨퍼런스를 성대하게 개최하셨는데요. 마을활동을 하시면서 기억에 남는 일이나 만남이 있다면 말씀 부탁드립니다.

'돌아온 싱글벙글쇼'에서는 다양한 사연이 나왔습니다. 코로나로 인해 실직을 했지만 취미생활로 여유를 찾은 이야기, 백신을 맞아 힘든 중에서도 책임감으로 일을 하는 에어컨 설치기사님과의 애환이 담긴 이야기, 기후위기를 걱정해 무더운 폭염을 에어컨 없이 나고 대신 태양광패널을 설치한 이야기 등등 여러 사연들을 만나볼 수 있었습니다. 시국 속에서 각자의 상황을 견디고 돌파하는 사연을 전해 듣고 서로 염려하고 응원하는 마음을 나눌 수 있어서 뜻깊은 시간이었습니다.

기억에 깊게 남는 일은 2019년 여름 '중랑마을네트워크데이'를 통해 중랑청년 활동비를 후원한 일입니다. 마을활동가샘들이 각자 먹거리를 십시일반 준비해 뷔페식으로 나누어 먹고, 자율후원을 통해 230여 만 원의 후원금을 모아주셨어요. 근숙표 웨지감자, 정은 · 병란표 떡볶이, 면표 비건 초밥, 창영표 칵테일 등 맛도 좋고 정도 깊었던 그때가 지금도 생각납니다. 밤늦게까지 즐겁게 대화를 나누었어요. 중랑구청과 중랑청년네트워크 청랑이 함께, 지역의 혼밥 먹는 청년들과 함께 음식을 만들어 나누어 먹는 '함밥데이'를 진행한 것도 기억에 남아요. 동네 청년활동가의 레시피로 중랑구청장과 함께 <아메리칸 셰프>에 나오는 '쿠바 센드위치'를 만들어먹기도 했지요. 주로 같이 밥 먹은 일이 기억에 남네요^^;;

5. 보람 못지 않게 어려움도 많으실텐데요. 가장 어려운 점은 무엇인가요?

많은 분들이 공감하지 않을까 싶은데, 동시다발적으로 일어나고 대응할 일이 많다는 것이예요. 마을활동이라는 게 정해진 일만을 하는 게 아니라 그때그때 생기는 일이 많으니까요. 그리고 일터와 생활터, 일과 개인 관계의 관계망이 겹치다 보니 활동과 개인생활을 분리하기도 힘들 때가 있죠.

또 하나, 활동의 방향성에 대해 깊은 고민이 드는 부분이 있어요. 마을활동에는 행정과 협력적인 관계를 형성하다 보니 정치/행정권력에 대한 시민사회의 감시와 대항력이 축소된 것 아닌가 하는 우려와 비판이 있습니다. '협력적 거버넌스 구축'의 이면에 대해서는 지역사회가 함께 깊이 고민할 일이라는 생각이 들어요. 행정을 '투쟁'의 상대로만 놓지 않더라도, 협력 한편에 권력의 작동 속성에 대해서는 감시를 놓지 않는 것이 중요하다고 생각합니다.

정치권력이나 행정에 대한 '불만'이 조직되는 것을 넘어서 그 불만을 해결할 수 있는 방법과 대안들을 찾아나가는 것이 활동가의 과제라고 생각하고 있습니다.

6. 이상현 팀장님은 '중랑청년네트워크'에서도 활동하고 계신 것으로 알고 있습니다. 아무래도 팀장님이 청년이시다 보니 사회 속에서, 마을 속에서 청년의 삶에 대해 더 깊은 관심이 가실 것 같습니다. 중랑청년네트워크가 하는 일은 무엇이며 마을이 청년과 소통하기 위해 해야 할 일은 무엇일까요?

중랑청년네트워크는 현재 지역의 각 분야에서 활동하는 청년들의 느슨한 연대체로 남아 있어요. 지역청년 커뮤니티 활동, 친목모임, 중랑구청과의 협력사업 등 단체 차원에서 많은 일을 했던 초기의 역할이 약해졌고, 연대·협의체로 남아 있어요. 지금은 청랑에서 함께 활동하던 친구들 중 일부가 뜻을 모아 <청년뿌리사회적협동조합>을 창립해 중랑구의 청년 정책사업을 진행하고 있어요. 지역청년들의 생활과 활동을 보장하기 위한 인프라를 구축하는 중인 것이죠.

한편, 저는 작년에 중랑구 민·민협력기반조성사업 청년 의제네트워크 활동을 통해 지역의 청년의제들을 논의하는 공론장을 열었어요. 역세권청년주택, 성평등 미용실, 사회적고립청년지원, 플랫폼노동 등 지역의 청년들의 다양한 의제들을 공론화하고 지역에서 함께 해법을 찾아나가는 자리를 만든 것이죠. 점차적으로 청년들의 지역에서의 삶을 증진시키기 위해 각자의 방식으로 활동을 풀어나가고 있어요.

'청년'은 결코 단일하지 않음을 염두에 두는 것도 중요하지만, 각자의 차이에도 불구하고, 청년들이 공동으로 겪는 문제 또한 주목해야 한다고 생각합니다. 점차 복잡해지는 사회에서 여러가지 변화에 대한 적응력이 필요해지고, 고도의 경쟁사회에서 고군분투해야 하죠. 노동유연화 사회에서 끝없는 자기혁신을 요구받기도 합니다.

제가 청년활동을 하면서 드는 생각이 있어요. 마을엔 다양한 연령대의 주민들이 살고 있는데도, 우리가 무심코 '마을'을 '어떤 연령대'로 전제하는가 짚어볼 필요가 있는 것 같습니다. 얼마전 동북권 npo지원센터에서 열린 포럼에서 한신대학교 민주사회정책연구원 이재경 연구원이 <서울시 동북권 지역시민사회 10년 평가와 전망찾기>라는 제목으로 발표를 했는데, 그 중 '청년을 커먼즈화하지말고 청년에게 커머닝을 허하라'라는 내용이 있었습니다. 매우 인상 깊은 내용이었어요. 그런데 또 한편, 이 문장을 가만히 짚어보면, 청년들이 아직도 마을의 동등한 주체로 인정되고 있지 않다는 점을 알 수 있어요. 이미 '커머닝'을 하고 있는 청년주체들이 있지만, 마을에서 주변화되어 있는 현실을 말해주는 것이라고 생각합니다. 비성년들이 청년들을 환대하고 지리를 마련해주는 것도 물론 중요하지만, 이미 자신이 활동영역을 갖춘 청년들을 대등한 존재로 지역에서 존중하고 인정하는 것도 중요한 일이라는 생각이 들어요.

7. 몇 년 전부터 중랑구는 '중랑구기후위기비상행동'을 만들어 기후위기 극복을 위한 공동 행동을 펼쳐나가시는데요. 코로나19로 인해 기후위기 문제가 더욱 큰 문제로 대두되고 있습니다. 실제 지역에서 기후위기대응을 해나가시면서 주민들의 기후위기에 대한 인식 정도를 체감하실 때가 많은 것 같습니다. 기후위기 대응에서 지역이 해야 할 일은 무엇이라고 생각하십니까?

　　아직 많은 노력이 필요한 단계입니다. 지역에서 기후 관련 활동을 하는 단체들이 코어가 되어, 협의구조를 이루고 활동을 이끌어나가면 좋겠다는 생각이 들어요. 다들 너무 바쁜 와중이지만, 기후위기 대응을 위한 활동가를 발굴·양성하고 교육하는 것은 우리 사회의 시급한 과제가 아닐까 싶어요. 경제성장을 최우선시하면서 코로나와 같은 위기를 만들어낸 상황에 대한 근본적인 성찰을 마을에서 함께 하고, 지속가능한 지역사회를 위한 기초 토대를 세우는 데, 기후위기 문제에 대한 관심은 매우 필수적이라고 생각합니다.

　　곧 중앙정부/국회에서 제정된 <탄소중립 녹색성장 기본법>에 따라 서울시 광역, 기초 자치구 차원에서도 조례안이 내려오고 관련 정책이 펼쳐지게 될 텐데요. 법안 자체도 문제점이 많이 지적되고 있어서, 서울광역/자치구 차원에서 각 지역 기후행동과 주민 주도로 법안을 비판/보완하면서 기후정의 관점에 기반한 조례를 만들어내고 탄소중립과 정의로운 전환을 실현하기 위한 정책들을 제안하고 관철시켜내는 것이 주요 과제일 것 같습니다. 선거 국면도 있으니까요. 공부도 하고, 캠페인과 지역주민 서명운동도 하고, 지역구 정치인들도 만나고 바쁜 내년을 보내게 되지 않을까 싶습니다.

8. 팀장님의 활동범위를 보니 자치, 청년, 기후위기 등 요즘 우리 사회가 풀어야 할 핵심 과제들과 밀접한 생활을 하고 계십니다. 팀장님은 서울녹색당 공동운영위원장도 맡고 계십니다. 그러다 보니 마을과 사회를 통합적으로 바라보실 것 같습니다. 현 사회가 풀어야 할 핵심과제를 마을에서 어떻게 받아 안아야 할까요?

　　현 사회의 근본적인 문제는 시민 주권자들을 상품과 정치의 소비자로서 위치시키며, 지역 풀뿌리 삶을 소외시키고 결정권을 박탈하고 있다는 것입니다. 관료제 행정이 시민들을 '민원인'으로 취급하는 것도 그 한 현상으로 볼수 있습니다. 기후위기 대응 또한 풀뿌리 시민들의 삶에서 출발하는 것이 아니라, 산업계와 경제기술적인 해법이 지배적으로 논의됩니다. 기후위기 문제를 '녹색성장'으로 풀어가려는 중앙정부, 저발전에 대한 박탈감을 '토건건설'로 돌파하려는 지방 정부를 보면, 경제성장과 산업 중심적인 관점이 보입니다. 우리는 이를 넘어서서 보다 살피고 확충해야 할 우리 일상의 삶을 보장하는 것을 기후위기 해법으로서 더 말해야한다고 생각합니다. 지역의 관계망을 잇는 활동, 돌봄 일자리, 생태환경 보존

등등.. 지역의 공공성을 확충하고 삶을 풍요롭게 하는 의제들을, 무엇보다 우리 동네의 '정의로운 전환' 플랜에 포함시키는 것이 필요하다는 생각이 듭니다. 관성적으로 살아왔던 것을 성찰하고, 이웃의 삶의 다양성에 귀기울이는 대화의 장을 만드는 것과 같은 아주 기본적인 것부터 시작해 국가의 정책, 서울시의 문제들을 통합적으로 연결해서 풀어갈 수 있다고 생각합니다.

9. 주민(마을) 자치운동은 지난 10여 년간 많은 변화와 성장이 있었습니다. 앞으로는 더 큰 변화가 예상되는데요. 주민(마을)자치가 지역에서 더 굳게 뿌리 내기기 위해 필요한 일은 무엇일까요?

우선, 법제도적인 보장이 필요합니다. 시민사회3법(시민사회발전기본법·민주시민교육지원법·기부금품법) 제개정을 통해 시민사회를 강화하기 위한 기반을 다질 필요가 있습니다. 그리고 주민자치회법 또한 주민자치회 강화에 필요한 영역입니다.

제도를 마련하는 한편, 지역운동이 거버넌스 활동에 치중되어 독자적인 힘을 상실하지 않도록 꾸준히 풀뿌리운동(자율적 영역)을 강화하기 위한 노력이 필요하다고 생각합니다. 그러기 위해서는 지역의 삶 전반의 변화가 필요하고, 일자리, 소득, 돌봄 등 정책과 공공영역의 보장이 강화되는 것이 병행되어야 합니다. 그렇기에 정치적 사안에도 지역 차원에서 함께 목소리낼 필요가 있다고 생각합니다. 기후위기, 돌봄, 대안경제 · 일자리 · 기본소득/참여소득 문제를 지역에서부터 깊이 토론하고 지역 맞춤형 정책들을 만들고, 광역과 중앙정부에도 제도와 정책을 상향식으로 요구할 수 있었으면 합니다.

10. 마지막으로 이상현 팀장님께서 하시고 싶으신 말씀이 있다면 부탁드립니다.

작년과 올해, 서울 마을/시민사회 정책의 '10년'을 살피는 포럼과 간담회 등이 많이 열렸는데요. 사실 우리 풀뿌리 운동의 역사는 그보다 훨씬 깁니다. 정책의 영향을 받기도 하지만, 그것만으로는 설명할 수 없는 다양한 역동이 존재합니다. 우리가 스스로 우리의 역사를 어떻게 기록하고 평가하며 앞으로를 기획할지 심도 깊은 논의가 필요하다는 생각이 듭니다.

서울시의회 110석 중 1석,
비례의석 10석 중 1석,
녹색 기후 의석으로 만들
풀뿌리 시민의 힘이 필요합니다.

녹색의석 1석이 만드는
서울의 기분좋은 변화

기후정의 조례 / 재생에너지 전환 / 재개발 재건축 대신 그린리모델링
자전거 도시 / 성평등 돌봄 일자리 / 채식 확대
주민자치, 풀뿌리 시민사회 활성화 / 길고양이 보호
⋮

6

상현의 커머닝과 정치, 여는 이야기

공동체 은행 빈고 보이는 라디오
<왜 우리는 커먼즈와 정치를 말하는가?>
여는 글 중 (2021.12.15)

나는 2019년 공동체은행 빈고의 운영위원이 되었다. (활동명 판다리) 경의선 공유지에서 열린 총회에 놀러 갔다가 '걸려들'었는데, 오랫동안 공동체들의 공동체를 만들며 자본주의를 넘어서-려-는 대안금융을 일구어온 빈고에 지대한 관심을 가지고 있었기에, (사실 활동 디톡스가 필요하다고 생각했지만) 거절할 수 없는 제안이었다. 해방촌 게스트하우스 빈 집에서 시작해 공동체의 토대를 일구어온 빈고. 매우 좋아하는 빈고 선언문 중 일부를 소개한다.

"우리는 가난하다. 이 척박한 환경에서 공동체와 공유지를 만들어내는 사람들이 어떻게 빚지지 않고 살아갈 수 있겠는가? 빼앗기는 사람들, 투쟁하는 사람들, 함께하는 사람들이 어떻게 몰락하지 않을 수 있겠는가? 그 와중에도 먼저 협력하고 먼저 내어주는 착한 사람들이 어떻게 가난하지 않을 수 있겠는가? 수익을 바라지 않고 공공의 목적을 위해 투자하는 사람들이 어떻게 돈을 벌 수 있겠는가? 받을 기대 없이 주고, 주는 티 내지 않고 주고, 받은 것보다 더 크게 나눠주는 아름다운 사람들이 어찌 홀로 이 험한 세상을 살아갈 수 있겠는가?

그래서 우리는 함께 가난하기로 하다. 가난한 우리들이 모여서 함께한다면 어떻게 될 것인가? 어떻게 이런 우리가 갈가리 찢어져 홀로 하나둘 그들이 되어가지 않고, 언제까지나 우리로서 함께 할 수 있을 것인가? 이런 사람들이 만들어내는 은행은 어떠한 은행일 수 있을까? 반대로 이런 사람들을 만들어내는 은행은 어떤 은행이어야 할 것인가? 어떻게 그들의 은행이 아닌 우리의

107

은행을, 은행이 아닌 다른 은행을 만들 것인가?

만약 그런 은행이 있다면 그것은 자본에 반하는 반자본은행, 서로 돕고 함께 움직이는 공동체(共動體)들의 공동체(共動體), 꼬뮨을 만들어내는 꼬뮨은행(Commune Bank), 은행(銀行)이 아닌 은행(恩行), 가난해서 행복한 빈민들의 금고(貧庫), 모든 것을 나눠주고, 모든 것을 받아 안을 수 있는 비어 있는 금고라고 할 수 있지 않을까? 우리의 공동체은행 빈고는 그런 은행이 되고자 한다. 그리고 빈고를 만들어가는 우리는 공동체은행 빈고의 조합원으로서 출자자 = 이용자 = 연대자 = 운영자로서 함께 살아가고자 한다.”

“이렇게 우리는 공동체은행 빈고의 출자자=이용자=연대자=운영자로서 살아갈 것이다.

우리의 구호는 다음의 두 문장으로 정리된다.

능력에 따라 출자하고, 필요에 따라 이용한다!

기쁘게 연대하고, 재밌게 운영한다!”

“이런 미래를 우리는 기다리지 않는다.

우리는 미래를 지금 여기서 살아간다.

우리는 미래에 함께하기 위해 지금 이미 함께하고 있다.

그리고 당신이 곧 또 한 명의 우리가 될 것이다.

당신과 함께 하는 것, 그것이 우리가 그리는 미래다.

당신, 또 다른 우리여. 함께 가자!

은행에서 빈고로! 자본에서 꼬뮨으로!”

빈고의 핵심 활동은 출자활동과 공동체활동이다. 자본주의 은행에 맡기는 대신, 조합원들의 필요와 연대 현장에 돈이 돌 수 있도록 은행을 운영하고, 빈고의 구성원인 공동체와 조합원이 함께할 수 있는 다양한 활동들을 기획한다. 때로는 공동체 내 갈등을 해결하기 위해 공동체 내 체계와 문화를 만드는 일도 한다. 꾸준히 관계망을 일구는 것이 중요하기에, 조합원들의 이야기를 듣기 위한 프로그램으로 ‘보이는 라디오’ 시리즈가 기획되었다. 한 달에 한 번 정도씩 조합원들의 활동 이야기를 나누는 프로그램이었는데, 내가 녹색당에서 후보자로 출마한다는 소문(?)이 퍼지자 조합원 판다리가 왜 정치를 하기로 마음먹었는지, 어떤 정치를 하고 싶어하는지, 우리 공동체 운동과는 어떤 관계가 있는지 궁금한 동료들이 판을 벌였다. ‘커먼즈’라는 어쩜 낯선 말로부터, 우리가 공유하는 운동과 정치에 대해 이야기나누었다. 그 장에서 내가 꺼낸 ‘여는 이야기’이다.

저는 사회운동이 정치를 하는 가장 좋은 방법이라 오래간 생각했습니다. 사실 지금도 그래요. 사회운동과 시민들의 참여에 기반해 제도정치가 작동해야한다고 생각합니다. 사회운동을 정치철학으로 연결시키기 위한 학습과 - 이 또한 '이문 커먼즈'라는 학습 집단을 조직해서 하고 있네요 - 이런저런 실천 기획을 펼치고 있습니다.

공동의 것이어야 하는 정치에 대하여

그러면서 한편, 제도정치가 독점한 정치권력-결정하고 자원을 나누는 힘-에 대해 생각이 가 닿았습니다. 끝없이 장외에서 권력을 쥔 제도 속 '그들'에게 요구하는 것을 넘어, 우리가 요구하는 것을 직접 실천할 정치적 힘을 갖는 건 당연한 권리가 아닐까 생각했습니다. 사회운동은 어느 시점부터는 운동이 요구한 것을 '이제는 국회의 시간'이라 넘겨줍니다. 그리고 국회의원들은 그것에 대한 갑론을박 내지는 힘싸움을 하다가, 운동이 만들어낸 변화의 에너지를 납작하게 하고 분열시켜버립니다. 국회 회의록 등을 통해 국가와 사회의 미래향방을 결정할 엄청나게 중요한 결정권을 갖고 있는 사람들이라고 하기에 너무나 형편없는 논의를 벌이고 있는 것을 목격할 때도 있었습니다. 예컨대 여야가 신경전을 벌이다 느닷없이 '녹색성장'을 끼워넣은 탄소중립 녹색성장 기본법에 관한 환경노동위원회 법안소위 논의같은 것이요. 저는 진지하게 헌법에 명시된 저의 권리를 그 분들께 위임해도 좋은 것일까 질문하게 되었습니다. 그럼 답이 있는가? 현실적으로 무엇을 할 수 있는가? 라고 스스로 물으면서, 저는 그렇다면, 저를 포함한 누구나 정치에 도전할 수 있고 정치권력을 획득하여 다른 세계를 만들 권리를 보장받을 수 있어야 하지 않은가 답을 내려보았습니다.

제가 녹색당이라는 정당을 선택하게 된 것은 밀양송전탑 투쟁과 삼척핵발전소 반대 투쟁, 제주 강정해군기지 건립 반대 등을 통해 환경과 인간의 관계를 고민하게 되었기 때문입니다. 또, 제가 제안한 일들이 녹색당에서 진지하게 고려되고 공동의 정치기획으로 발전되는 것을 보면서, 제가 있을 수 있는 정당이란 생각이 들었습니다. 가장 '보통의 정치'를 추구하며 추첨제 대의원제를 운영하고, 당의 정보와 자원을 어떻게든 공유하고자 하는 이 정당이 아주 매력적이었습니다. 물론 쉬이 결정을 내릴 수 없고 여러 의견을 조율해야 한다는 점에서 불편함과 피로함이 있긴 했지만, 저는 이 과정이 바로 민주주의라는 생각을 했어요. 정당이라는 곳에서 민주주의 정치를 경험하는 것이 우리의 삶에서 매우 의미 있는 일이라 생각했습니다. 중랑녹색당이라는 지역정당의 운영위원장을 맡으면서, 서울녹색당의 운영위원으로서 공적 역할과 책임을 인식하게 된 것도 저에게는 큰 일이었어요.

저는 맨 몸의 존재가 지역에 뿌리내릴 수 있게 하는 보편적이고 공통적인 물적 인적 토대를 만드는 것이 커머닝 정치라고 생각합니다. 이 과제는 제가 지역사회에서 추진하고 참여하고 있는 일들과 매우 궤가 닿아 있습니다. 청년을 비롯한 지역사회 구성원들의 공동의 자원을 만들어가는 일, 그러기 위해 그것을 가로막는 조건들을 바꾸고, 조례 청원운동 등 법제도가 그에 맞게 변화하게끔 하는 일 등등입니다.

지역사회의 삶과 괴리되거나 항상 장벽이 되는 정치구조를 바꾸기 위해서, 우리의 활동과 삶의 방식과 진정 조우하는 정치를 '문턱을 넘어' 제가 직접 해보고 싶다는 생각이 들었습니다.

현재 인류 보편의 과제인 기후위기 또한 착취와 독점의 구조가 만들어낸 것이라고 생각합니다. '인류 공동의 집'을 돌보기 위한 행동들을 할 수 없게끔, 각자의 이윤 추구와 경쟁을 해나가는 사회환경 속에서 우리는 공동의 것들을 끊임없이 파편화하고 파괴하고 있다는 생각이 듭니다. 이 문제를 해결하기 위해서는 우리가 무엇을 함께 지키고 돌보아야 하는지에 대한, '커먼즈'에 대한 인식이 필요할 것입니다.

저는 정치권력 또한 독점되어선 안 되는 '커먼즈'라고 생각합니다.

저는 녹색당에서 출마하는 풀뿌리(를 내리려는) 시민 후보라고 생각합니다. 저는 이번 선거를 통해서 우리의 커먼즈여야 하는 정치권력을, 거대양당으로부터 함께 되찾아 제게 한번 빌려달라고, 그러면 저는 우리 모두를 위한 도시 커먼즈를 형성하는 데 최선을 다해보겠다고 시민들께 지지를 구할 생각입니다. 저 같이 사회 곳곳, 타인의 삶에 관심 많은 덕후가.정치를 하면서 여러 변화들을 만들어낼 수 있도록 기회를 달라고 하고 싶습니다.

또, 단순히 권력을 누구에게 빌려주는지를 넘어, 더욱 더 민주적이고 참여적인 정치, 선거제도를 함께 만들어내는 것도 매우 중요하다고 생각합니다. 여러 어려운 상황에서 시작한 저의 도전이 잘 기록되고 공유되면서, 그 구조 또한 함께 만들어나갈 수 있었으면 좋겠습니다.

녹색으로 파도치기

"어쩌면 눈에 띄는 친숙한 지형지물들은 이미 다 무너진 게 아닐까.
어쩌면 곧 뒤집힐 이 차에서 우리 모두 뛰쳐나와야 하는 게 아닐까."

아룬다티 로이 <자본주의 : 유령 이야기>

제 생애 첫 단행본 출간입니다. 실험적인 형식이다 보니 독자분들께 어떻게 전달될까 고민이 있었습니다. 이것이 제가 살아온 방식이고 바로 저라는 생각에 용기를 내었습니다. 작업을 하면서 쓴 글들을 모으고 살펴보니 제 개인의 명의로 낸 것만큼이나 단체와 공동체의 이름으로 낸 글이 많았습니다. 책에는 거의 싣지 못했지만 집회의 발언문들도 무척 많습니다. 미처 정돈되지 않은 날것의 말이나 생각들이 끼어 있어 부끄럽기도 하지만, 이 책을 읽고 앞으로 만날 독자 여러분들과 함께 숙성시켜나갈 이야기들이라 생각하고 이렇게 모아 세상에 선보입니다.

익숙하던 것들이 무너져가는 현장에서 '오래된 이야기'들을 우리는 다시금 돌아봅니다. 이윤보다 생명을, 생태평화를, 경쟁보다 돌봄을. 이 사회의 소수의견으로 머물렀던 이야기들이 무너져 가는 세상에서 우리 삶을 새로 세우는 기틀이 되기를 간절히 소망합니다.

작년 연말, 녹색당 동료에게 책 한 권을 선물받았습니다. 돼지 새벽이 생추어리를 후원하고 있는 그는, 녹색당 정치인으로 출마하는 저에게 자신이 지지하는 정치인이 비건이었으면 하고, 유권자 집단인 비건(인간)만을 위한 정치가 아니라 비인간 동물을 시민으로 존중하고 권리를 대변하는 정치를 했으면 한다고 당부했습니다. '훔친 돼지만이 살아남는' 현실에서 동물권단체 DXE는 '한 세대 안에 동물해방을 이룬다'는 목표를 갖고 있습니다. 제주로 짧은 신년 여행을 가는 길에 이 책을 읽었습니다. 해군기지 건설에 따라 파괴되어 가는 강정천을 지키기 위해 매일같이 기록의 투쟁을 하는 제주의 동료와 이야기를 나누며 저 또한 한 세대 안에 이룰 정치의 목표들을 새겨 보았습니다.

느끼고 살아가며 연대하는 존재로부터, 차가운 법과 제도를 생명의 따스한 온기로 살릴 수 있기를, 부디 우리가 오래 간직해왔던 희망으로 우리가 사라지지 않는 미래를 세울 수 있기를. 녹색으로 각자 바위를 쳐오던 하나 하나의 존재들이 파도처럼 함께 몰아치기 위해, 그 광장의 시간을 열어가고자 합니다. 올해 제게 그것은 녹색정치입니다.

어쩌면 이 책 자체가 한 권의 프롤로그일 수 있겠습니다. 제 곁에서 저를 지탱해주시는 동지들, 저의 삶과 이야기라는 공공재를 만들어준 동료시민 여러분들께 깊게 감사드립니다.

정책으로 상상하는
서울 스케치

 서울시내 도시하천 및 수자원 순환 정책

 자립문화예술 거점지원 정책
- 생활문화센터 중심

 서울 시내 및 근교
폐기물 재활용 센터

 공유 주거 시스템 지원

 자전거 도로

 청소년성상담센터

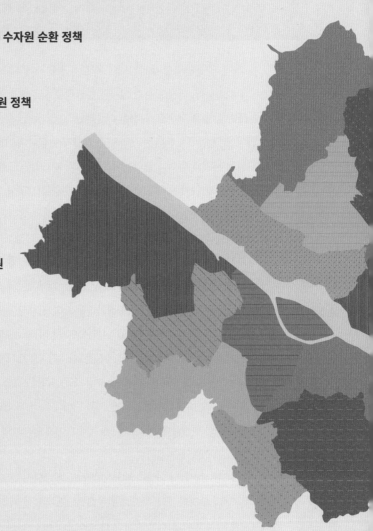

서울로컬 푸드플랜

시민공유지 공공부동산 매입
공공임대주택/사회적 주택 확대

자가용 진입 제한 도로

통합돌봄센터

재생에너지 순환 건축물

실외 투명유리 없는 서울
(야생 새 충돌 방지)

*본 정책 아이디어는 특정 자치구가 아닌 서울시 전반에 적용하기 위한 것입니다.
서울시민들과 소통하며 더 촘촘하고 긴요한 생활 정책들을 확충해나가고자 합니다.

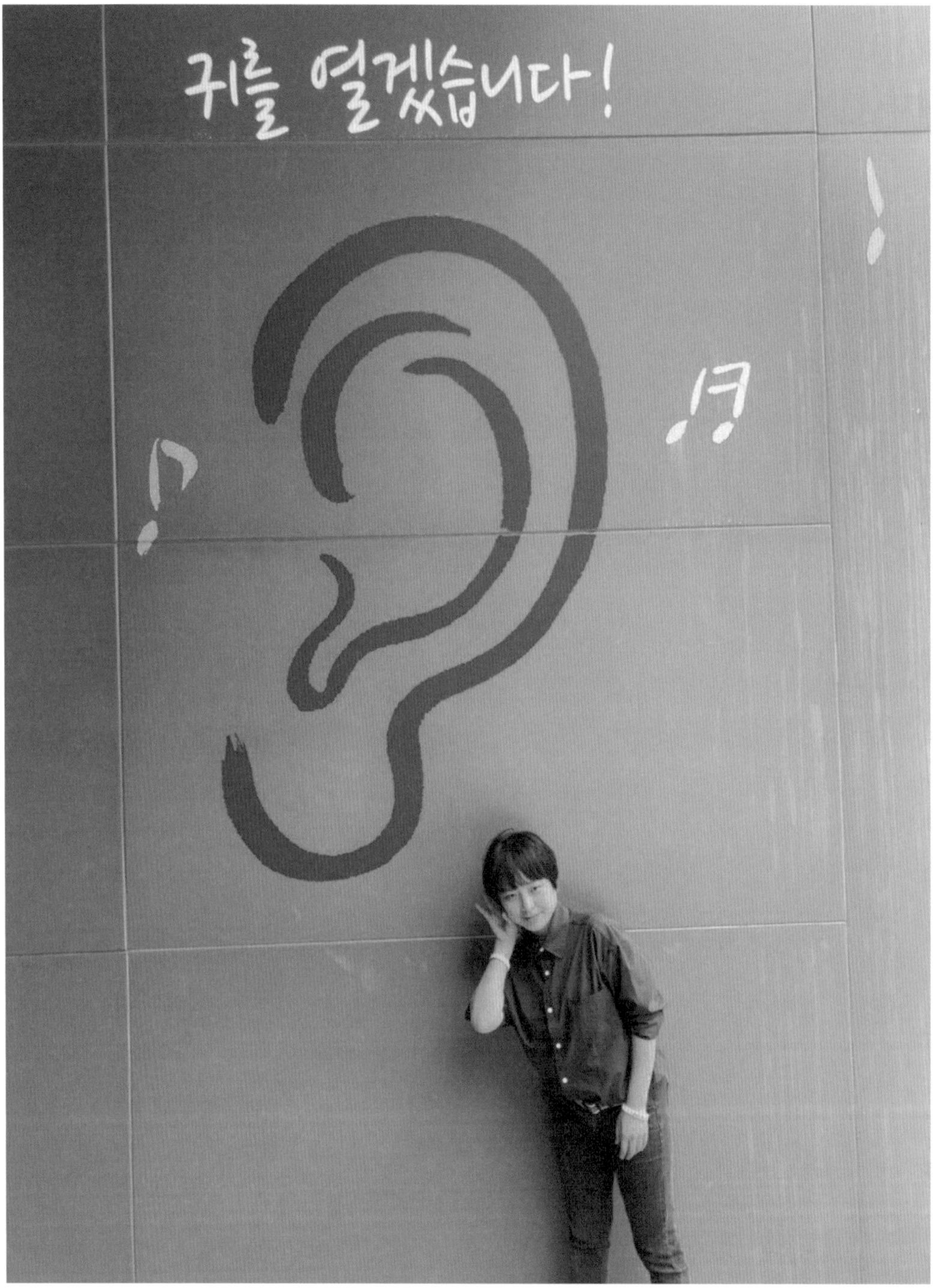
귀를 열겠습니다!

저자 이상현

1986년생, IMF 키드, 대구광역시에서 태어나 2002년 노무현 당선과 이명박근혜의 집권, 격동의 한국정치사를 통과한 MZ세대.

하라는 공부는 안 하고 학생회, 동아리 활동에 몰두했다. 서울 동쪽 동네에 뿌리내려가는 이주민. 이천년대 중후반부터 여러 사회적 참사를 마주하며 사회구성원으로서 할 수 있는 일이 뭘까 고민하다가 각종 사회운동을 시작했다. 문화기획자, 마을활동가, 국제연대 활동가 등 다양한 사회적 역할을 갖고 있다. 행정과의 민주적 거버넌스를 구축하려는 운동에 관여하면서, 사회운동과 법제도 간의 긴장, 다양한 정체성을 가진 사람들이 어떻게 동등한 사회의 성원권을 가질 수 있을까하는 주제에 아주 관심이 많다.

2020년 말부터 서울녹색당 공동운영위원장으로 활동하며 팬데믹 도시, 기후위기 도시를 경로변경하는 녹색 출구전략을 찾는 중이다.

초판 1쇄 인쇄   2022년 2월 23일
초판 1쇄 발행   2022년 2월 28일

지은이   이상현
발행인   김태영

발행   씽크스마트 미디어그룹
주소   서울특별시 마포구 토정로 222(신수동) 한국출판콘텐츠센터 401호

디자인   시나몬페퍼디자인

ISBN   978-89-6529-316-3 (03340)